Franz Fühmann hat sich wie kein anderer Schriftsteller der wohl brisantesten literarischen Frage nach 1945 gestellt: Wie konnte ich ein Bewunderer Hitlers, wie konnte ich ein Nazi werden? Mit poetischer Genauigkeit durchforschte er die politischen Prägungen, denen er während seiner Kindheit und Schulzeit unter Hitler ausgesetzt war, um sie endlich abstreifen und hinter sich lassen zu können. In immer neuen Anläufen erkämpfte er sich damit seinen Weg zu einer unideologischen Denkhaltung und wurde zu einem profilierten Kritiker des DDR-Regimes. In seiner kompakten Biografie beschreibt Uwe Wittstock Fühmanns „Wandlung ohne Ende" hin zu einem meisterlichen Erzähler und Essayisten. Fühmanns radikale literarische Selbstprüfung gewinnt heute besondere Bedeutung – in einer Zeit, in der politische Extreme wieder einmal die Liberalität unserer Gesellschaft bedrohen.

Uwe Wittstock

Franz Fühmann
Wandlung ohne Ende

Eine Biografie

HINSTORFF

Rechtehinweis

Textauszug Seiten 30 f.: Wir danken Thomas Anz, dem Nachlassverwalter von Marcel Reich-Ranicki, für die freundliche Abdruck-Genehmigung des Zitats aus Marcel Reich-Ranickis Buch *Deutsche Literatur in Ost und West*, München 1963, Seiten 425 f.

Textauszüge Seiten 56/57 und 61 aus: Alexander und Margarete Mitscherlich, *Die Unfähigkeit zu trauern*, © 1967 Piper Verlag GmbH, München

Textauszug Seite 62 f. aus: Malte Herwig, *Die Flakhelfer* © 2013 Deutsche Verlagsanstalt, München, in der Penguin Random House Verlagsgruppe GmbH

Textauszug Seite 64 f. aus: Christa Wolf, *Über Sinn und Unsinn von Naivität*; in: dies., *Sämtliche Essays und Reden. Band 1: 1961–1980. Lesen und Schreiben*. Herausgegeben von Sonja Hilzinger, S. 316 f. © dieser Ausgabe Suhrkamp Verlag Berlin 2021

Textauszug Seite 98 aus: Christa Wolf, *Franz Fühmann. Trauerrede*; in: dies., *Sämtliche Essays und Reden. Band 2: 1981–1990. Wider den Schlaf der Vernunft*. Herausgegeben von Sonja Hilzinger, S. 304 f. © dieser Ausgabe Suhrkamp Verlag Berlin 2021

Liebe Leserin, lieber Leser! Wie hat Ihnen die Lektüre gefallen?
Bitte bewerten Sie das Buch im Internet

Die Deutsche Bibliothek verzeichnet diese Publikation in der Deutschen Nationalbibliografie; detaillierte bibliografische Daten sind im Internet über http://dnb.de abrufbar.

Lagerstraße 7, 18055 Rostock
Tel.: 0381/4969-0
www.hinstorff.de

1. Auflage 2021
Herstellung: Hinstorff Verlag GmbH
Projektbetreuung: Thomas Gallien
Coverfoto: © Isolde Ohlbaum
Druck: CPI books GmbH
Printed in Germany
ISBN 978-3-356-02378-7

Ausgangspunkte:
Eine Kindheit in Böhmen

Franz Fühmann ist im Märchen aufgewachsen. Sein böhmischer Geburtsort Rochlitz, heute Rokytnice nad Jizerou, liegt an einem schmalen Nebenfluss der Iser unweit der damals tschechisch-deutschen, jetzt tschechisch-polnischen Grenze. Schon in seinen Kindertagen war das in eine Talnische des Riesengebirges gedrängte Städtchen keine ländliche, weltentrückte Idylle mehr: Es gab eine kleine Textilfabrik, schäbige Mietshäuser für die Arbeiter und auf den Straßen verkehrten die ersten Autos. Dennoch verschmolzen – wie seine autobiographischen Erzählungen bezeugen – der Ort und die Landschaft für den jungen Franz Fühmann mit dem Reich der Sagen und Legenden zu einem unteilbaren Ganzen. Er lebte nicht nur mit den Märchen, er lebte in ihnen.

Die Geschichten, die ihm zugetragen wurden, die er spielend selbst erfand oder die er verschlang, sobald er lesen konnte, überlagerten seine Wahrnehmungen. Begabt mit einer regen Einbildungskraft, verwandelte sich für ihn die Landschaft Böhmens mit ihren dichten Wäldern und versteckten kleinen Seen, mit ihren unzugänglichen Bergwiesen und abgelegenen Lichtungen in ein geheimnisvolles Land voller phantastischer Geschehnisse: „Ich komme ja aus einer Landschaft her“, erinnerte er sich einmal, „wo die Märchen einfach zu Hause sind. Das ist in so einem Gebirgstal im Riesengebirge, wo man jeden Winter einschneite, wo man sich in jedem Winter aus den Schneemassen herausgraben musste, und wo es Felshöhlen gab und Schluchten und Quellen und Grotten, und da lebte eben Rübezahl, und da gab es eben Gnome und Feen und Gespenster so wie Bäume und Steine. Mit den Märchen bin ich aufgewachsen, mit Grimm und Bechstein und Andersen. Das waren für mich ganz selbstverständliche Realitäten gewesen, ganz unmittelbarer Alltag […].“[1]

Als der erwachsene Fühmann nach über zwei Jahrzehnten Abwesenheit zum ersten Mal wagte, den Ort Rochlitz und seine Umgebung wieder zu besuchen, holte den inzwischen gut vierzigjährigen Schriftsteller die Erinnerung an jene Märchenwelt seiner Kindheit mit Macht ein: „Auf einem Hügelchen unten im Tal ein winziges Wäldchen wie ein verirrter Igel: Der Märchenurwald meiner Kindheit. Dort die tapferste Tat meines Lebens: Allein abends am Hexenhaus vorbei“, notierte er während seiner Stippvisite in der eigenen Vergangenheit. „Der schmutzig-weiße Fabrikleib rechts mit dem schmutzig-roten Helm und der gedrungene schmutzig-weiße Leib der Kirche links mit dem spitzen schmutzig-grauen Dach [...] und darüber der Hexenwald und darüber das Grillengeschrei: Genau das ist das Dorf meiner Kindheit [...]. Es gab als gesicherten geographischen Besitz nur das alltäglich begangene Tal mit dem Bach und der Straße [...] und fern am Horizont die beiden Koppen des beginnenden sagenhaften Rübezahlreiches, alles andere war schwarzer, finsterer, unbetretbarer, grauenvoller Wald, dem ununterscheidbare, hundertfach ineinandergeschachtelte Hänge und Halden entstürzten, Wesen, ungreifbarer als Wassermänner [...].“[2]

Mit den letzten Sätzen klingt allerdings auch an, dass es in Fühmanns Kinderreich keineswegs so friedlich und heiter zuging, wie es der Begriff Märchen zunächst anzudeuten scheint. Die Geschichten, die das Bewusstsein des Jungen damals prägten, waren bevölkert von Zwergen und Zauberern, Räubern und Kobolden, Geistern und Dämonen. Nicht so sehr das Happy-End der Märchen mit der am Schluss wieder hergestellten Harmonie der heilen Welt hielt seine Imagination gefangen, sondern die zuvor ausgebreiteten Bilder der Schrecken und der Untaten wirkten nach. Die Natur erschien beseelt, und nur die wenigsten dieser überall versteckten Geschöpfe waren ihm freundlich gesonnen. Er fühlte sich umgeben von den seltsamsten Gefahren, die er wiederum nur durch die seltsamsten Gegenmittel abwehren konnte. So erzählte Fühmann einmal von seinen „grauendurchzuckten, wahnsinnigen Fluchten vor Kreuzottern“. Als Kind glaubte er sich oft von den Schlangen verfolgt und versuchte ihnen in „Zickzacksprüngen“ zu entkommen – „denen konnten sie nämlich nicht folgen, da sie sich ja in den eigenen Schwanz bissen und also gleich Reifen die Hänge herunterrollen ließen“.[3]

Nach einer heiteren, unbeschwerten Jugend klingt das nicht. Bezeichnenderweise spricht Fühmann gegen Ende jener Notizen über seine ebenso späte wie kurze Rückkehr nach Rochlitz von einem „siedenden Ausbruch der Angst deiner Kindertage“.[4] Ein auf den ersten Blick überraschendes Eingeständnis, wenn man bedenkt, dass Fühmann als der älteste Spross einer wohlhabenden Familie keineswegs in materiell bedrängten Verhältnissen heranwuchs. Vielmehr lebten die Eltern in einem der stattlichsten Häuser des Ortes und pflegten einen gutbürgerlichen Lebensstil: der Vater, Apotheker und Inhaber einer kleinen pharmazeutischen Fabrik, zählte zu den respektierten Honoratioren, er unternahm – zu einer Zeit, als das noch nicht allgemein üblich war – mit Frau und Kindern Urlaubsreisen an den Königssee, nach Salzburg oder an die Adria und konnte es sich leisten, den einzigen Sohn auf das kostspielige Jesuitenkonvikt Kalksburg bei Wien, eine traditionsreiche österreichische Eliteschule, zu schicken.

Doch die Ursachen für Fühmanns Kindheitsängste werden, betrachtet man seine autobiographischen Aufzeichnungen genauer, rasch verständlicher. Es ist kaum zu übersehen, dass die Familie das Bild eines harmonischen Zusammenlebens nur notdürftig und der kleinstädtischen Umwelt zuliebe aufrecht erhielt. Hinter dieser Fassade verbargen sich verheerende Spannungen. Die Eltern hatten sich offenbar weitgehend auseinandergelebt und scheuten nicht davor zurück, in ihrem täglichen Kleinkrieg den Sohn und die jüngere Tochter als Druckmittel zu missbrauchen. Sie bereiteten Fühmann so, wie er einmal mit einem Abstand von rund fünf Jahrzehnten feststellte, eine „Kindheit in der Hölle, über die Vater und Mutter herrschten, unablässig einander zerfleischend, unablässig einander Schmerzen auspressend, unablässig uns Kinder als Schild vor sich tragend".[5]

Vor allem der Vater erscheint in Fühmanns Erzählungen über die eigene Jugend (oder die eines Alter Ego) fast immer als ein unerreichbar ferner, egozentrischer und gefühlskalter Mann, der an die Leistungen seines Sohnes die höchsten Ansprüche stellt. Auch die Mutter tritt nicht als zärtliche Beschützerin oder auch nur Vertraute des Kindes auf, sondern als ein streitsüchtiger, bigotter Hausdrachen. Nie ist in diesen Geschichten von Geborgenheit oder selbstverständlicher familiärer Zusammengehörigkeit die Rede. Keiner der Erwachsenen nimmt Rücksicht auf die Gefühle des Jungen, niemand geht auf ihn ein oder beschäftigt sich länger mit ihm, als dies für zwei, drei Befehlssätze notwendig ist. Fühmanns kindlicher Held macht daher oft einen einsamen, isolierten Eindruck: Er spielt allein, hat offenbar kaum Freunde und lebt umstellt von Anweisungen oder Verboten, die mit drakonischen Strafen durchgesetzt werden. Die Anerkennung seiner Eltern muss er sich durch Willfährigkeit und schulische Erfolge regelrecht erkämpfen. Er lernt auf diese Weise frühzeitig, die eigenen Bedürfnisse und Neigungen zu unterdrücken, sich selbst – oder zumindest das Bild, das er von sich erweckt – nach den Ansprüchen der Außenwelt zu formen. Gefragt ist, darüber wird sich der Junge bald schon klar, ein starker, mutiger, kluger Sohn, der allerdings die Meinungen von Vater oder Mutter jederzeit kritiklos übernehmen und der ihren Wünschen ohne Widerspruch folgen soll. Jeder Einspruch oder gar Widerstand gegen die Entscheidungen einer Autoritätsperson wird nicht als Ausdruck der kindlichen Individualität, sondern als der Beleg für einen bedenklichen Charakterfehler betrachtet und wie ein Vergehen geahndet.

Welche Konsequenzen diese Jugend für den späteren politischen Werdegang Fühmanns zeitigte, ist nur zu offensichtlich. Die Erziehung, die er durchlebt hatte, zielte nicht darauf, seine Persönlichkeit zur Selbstständigkeit zu formen, sondern sie gefügig zu machen. Und er brauchte lange, um die Spuren, die jene Zeit in seinem Verhalten hinterlassen hatte, auch nur zu erkennen, geschweige denn zu überwinden: Während der nationalsozialistischen Herrschaft und ebenso während der ersten Jahre in der DDR erwies er sich geradezu als Paradebeispiel einer autoritären Persönlichkeit. Er war allzu rasch bereit, Meinungen zu übernehmen, sich den Ansprüchen der Außenwelt zu fügen und seine eigenen Empfindungen oder Wünsche beiseitezuschieben. Wie er es in seiner Kindheit gelernt hatte, versuchte er Anerkennung durch Verzicht auf die eigenen Bedürfnisse, durch Unterwürfigkeit und Gehorsam zu erwerben. Zweifel an staatlichen Autoritäten offen zu äußern war seine Sache nicht. Immer wieder stellte er sich bis an die Grenze der Selbstverleugnung in den Dienst der jeweiligen öffentlichen Sache, über deren Wert oder Unwert er freilich nicht zu urteilen, ja noch nicht einmal gründlich nachzudenken wagte.

So detailliert und anschaulich Fühmann diesen Prozess der Zurichtung eines Kindes zum Untertanen auch schildert – seine Erzählungen bleiben dennoch erstaunlich zurückhaltend. Die Leidensgeschichte des Jungen wird distanziert wie hinter einer Glasscheibe vorgeführt. Man beobachtet ein brillant kalkuliertes Lehrstück: Ganz selten nur werden der kindlichen Hauptfigur aufwühlende Worte des Schmerzes oder der Sehnsucht gestattet. Wie sehr sie unter dem Mangel an Zuneigung und Anteilnahme leidet, bleibt fast unausgesprochen, denn was sie niemals kennenlernte, kann sie naturgemäß auch nur schwer benennen. Geborgenheit und Elternliebe bilden mithin so etwas wie schmale, aber abgründige Leerstellen in diesen Erzählungen. Der Autor appelliert an den Verstand des Lesers und nicht allein an dessen Mitgefühl. Er will erklären und nicht sich beklagen. Seine Geschichten ähneln eher einer Analyse als der Abrechnung mit einer verpfuschten Kindheit.

Mehr noch: Fühmann spricht sein Alter Ego – ohne Rücksicht auf dessen Alter – keineswegs von jeder aktiven Beteiligung am eigenen Schicksal frei. Er drängt den Knaben nicht in die Rolle eines willenlosen Opfers. Seine distanzierende Erzählweise hebt vielmehr die indirekte Mitwirkung des Kindes hervor. Die Verantwortung für seine Entwicklung und seinen späteren Lebensweg wird somit nicht ganz und gar auf die Eltern mit ihren brachialen Erziehungsmethoden abgeschoben. Selbstmitleid, und sei es nur in schüchternen Ansätzen, war Fühmann verhasst. Im Zweifelsfall ist er mit sich lieber zu streng als zu sanftmütig ins Gericht gegangen, auch wenn er auf diese Weise viel von den psychischen Nöten seiner Jugend verschwiegen oder bagatellisiert hat. In dieser Härte, mit der sich Fühmann zeitlebens selbst behandelte, machen sich wohl noch die Spätfolgen jenes Drills bemerkbar, dem er in seinen frühen Jahren ausgesetzt war.

Wie es um das Seelenleben des Kindes wirklich bestellt war, lässt sich vielleicht an einer scheinbar objektiven, unpersönlichen Bemerkung Fühmanns ablesen: „Immer / hat der Held Angst",[6] heißt es in einem seiner Gedichte, das vorgibt, von der *Weisheit der Märchen* zu handeln. Die Zeile ist verräterisch. Denn die wahren Märchenhelden sind in der Regel alles andere als furchtsam. Fühmann hat hier ganz offenbar unbewusst die eigenen Empfindungen auf jene sagenhaften Gestalten projiziert, die ihn in seiner Kindheit so treulich begleiteten. Jahre später hat er diesen psychischen Mechanismus selbst beschrieben: „Es ist höchste Zeit, daß ich einen Satz berichtige: ‚Immer hat der Held Angst'. Er steht in einem meiner Märchengedichte, und ich habe hier einen Zug eines rumänischen Drachenkampfmärchens unzulässig verallgemeinert ... Dieser Zug hatte mich überwältigt; er war eben das, was ich im Märchen suchte, und ich habe, ihn aufgreifend, gehofft, daß er sich in andern Märchen bestätigen würde. Er konnte es nicht; im Märchen haben die Helden sonst eben *nie* Angst [...]".[7]

Diese allgegenwärtige Angst, dieses Gefühl, ungeschützt und bedroht zu sein, dürfte Fühmanns anerzogenen Mangel an innerer Unabhängigkeit verstärkt haben. Immer wieder suchte er Zuflucht und Orientierung bei den anerkannten gesellschaftlichen Autoritäten. Die erste Station auf jenem langen Weg der Unselbstständigkeit war die Kirche. Aufgewachsen unter dem Einfluss der Mutter, einer inbrünstigen Katholikin, entwickelte er eine einfältige, kindliche Gläubigkeit, die jenen „frommen Legenden“ entsprach, „wie sie mir meine Mutter erzählt, Legenden, die Ur-Vertrautes sagten, das mit dem Wahren zusammenfiel: Geborgensein in Sinn und Ordnung, Gerechtigkeit von Lohn und Strafe, das Vernünftig-Schöne des Guten und die Abscheulichkeit des Bösen, das immer von irgendwo außen kam“.[8]

Kein Wunder also, dass er es schließlich als Auszeichnung empfand, nach der Grundschulzeit von dem Kalksburger Jesuitenkonvikt aufgenommen zu werden. Die vier Jahre, die er dort verbrachte, sind nicht ohne Folgen für sein Denken und seine literarische Arbeit geblieben, wie sich an seinen Nacherzählungen alttestamentarischer Mythen und auch an seinem Essay über *Meine Bibel* ablesen lässt. Doch das strenge Reglement des Internats zeitigte bei dem Zögling Franz ganz andere als die erwünschten Folgen: „Als naiv-frommes, tiefreligiöses, gottesfürchtiges Kind bin ich da hineingegangen, und als überzeugter Atheist bin ich nach vier Jahren von dort weggelaufen.“[9]

Diese Erinnerung Fühmanns ist durch die historisch überprüfbaren Fakten nicht ganz gedeckt. Nach den Unterlagen des Konvikts kehrte er „nach Weihnachten 1935 nicht mehr zurück“ in das Internat, wie sein Biograf Gunnar Decker feststellte.[10] Vermutlich wurde er vom Vater aus finanziellen Gründen abgemeldet, ist also nicht aus der Schule geflohen, sondern von den Eltern auf ein anderes Internat in Reichenberg, heute Liberec, geschickt worden.

Zurückgekehrt in seine Heimat, schloss sich Fühmann – sicherlich mit dem Beifall seines Vaters – einer Jugendorganisation der faschistischen Sudetendeutschen Partei an, die den harmlos klingenden Namen Deutscher Turnverein trug. Später dann, nach der Besetzung des Sudetenlandes durch das Deutsche Reich 1938, trat er mit nur 16 Jahren in den Reitersturm der SA ein und besuchte das Gymnasium fortan in „Stiefeln und Braunhemd“.[11] Die Eile, mit der er das christliche Weltbild gegen das nationalsozialistische eintauschte, lässt erkennen, wie schwer es ihm damals gefallen sein muss, ohne einen straff geordneten Orientierungsrahmen, ohne eine ideologische Führerfigur auszukommen. Während er zu dieser Zeit – wie mitunter in den Kindheitsgeschichten anklingt – beträchtliche soziale oder sogar rassische Arroganz an den Tag legte, war und blieb es um sein persönliches Selbstbewusstsein schlecht bestellt. Erst die Zugehörigkeit zu einer Gruppe, einer Glaubensgemeinschaft, verlieh ihm das notwendige Maß psychischer Sicherheit – eine Anhängigkeit, die ihn zum Opfer politischer Demagogen prädestinierte.

Doch der wichtigste Fluchtort, an dem er während seiner Jugend Schutz fand, blieb die Literatur. Waren es zu Anfang die Märchen, in die er sich rettete und die seinen noch unbegriffenen Ängsten zumindest Namen und Gestalt gaben, so versank er später mit Vorliebe in biblischen, genauer: alttestamentarischen Geschichten. Vor allem die mit Holzschnitten ausgestattete Bilderbibel des Julius Schnorr von Carolsfeld hatte es ihm angetan. Angesichts dieser Illustrationen und den mit ihnen verbundenen Geschichten verschwammen für den jungen Fühmann wieder die Grenzen zwischen Phantasie und Realität: „Es war ein wunderliches Bild: Das Feld, das sich den Hang hinanhob, lag doch in meinem Heimatdorf, die reife Gerste kornblumendurchwachsen, leuchtender Mohn, grüne Ackerwinde, und auch die junge Frau am Wegrand, hochaufgerichtet, Ähren in Händen, war irgendeine der Bauernmädchen, die mir alltäglich begegneten, in Sandalen und Rock und geraffter Schürze, und hier mit einem Trachtenhut auf dem Haar; die beiden Burschen, die müde ins Feld hinein mähten, waren meine Schulgefährten, und tief im Hintergrund sah ich mich selbst, ins langsam sinkende Abendrot weisend: Dort, hinterm Hang, nah den beiden Linden, hatte ich unlängst ein Schlangennest entdeckt.“[12]

Offenbar hatten die Märchen für den inzwischen älter gewordenen Jungen ihre entlastende, angstableitende Wirkung allmählich eingebüßt. Einen Ersatz zu finden, war nicht leicht: die Kulissen der antiken Mythen, die Fühmann in den Nacherzählungen Gustav Schwabs kennenlernte, blieben ihm zu fremd, als dass er sie mit seiner Umwelt hätte vereinigen können. Die biblischen Szenen dagegen waren seiner ländlich-böhmischen Wirklichkeit näher und konnten ihm deshalb noch einmal jene imaginative Freistatt sein, die er so dringend brauchte: „Sie brachten ein erregend Neues: das Geheimnis, das aus dem Alltag wuchs. Es war, bei all seiner Süße, phantastischer als jedes Phantasiereich, dahin mich Schwab und Grimm entführten –: die ährenlesende Ruth etwa, was geschah, da sie im reifen Korn stand, die junge Frau vor dem jungen Mann? – Bei Grimm war solch ein Zusammentreffen stets die Begegnung von Alltags- und Märchengestalt, hier waren sie nichts als ein junger Mann, der einer jungen Frau begegnet, und doch fabelhafter als Aschenputtel und König, und zauberischer als Köhlerknabe und Elfe [...]. Wenn Herakles mit dem Löwen rang, spielte dies in einer fernen Landschaft und einer entschwundenen Epoche, die beide zwar in mein Träumen einzogen, doch nie in meine äußere Welt; das Ringen Simsons mit dem Löwen hingegen hätte ich nicht nur lokalisieren können (dahin, wo es zwischen Gärtnerei und Kirche den Hang der ‚Sommerseite' hinaufging, auch wenn dort keine Buchen aus dem Felsboden ragten und kein Raubtier brüllend den Bach entlangstrich); es war ein Kampf, der auch mir einst bevorstand –: Herakles oder Theseus spielte ich; Simson, das wußte ich, würde ich sein, und zwar in ganz wortwörtlicher Weise: Ein Löwe kommt aus dem Zirkus frei und lauert blutrünstig hinter den Häusern, und ich würde den Kampf bestehn."[13]

Bemerkenswert ist hier nicht so sehr, dass der Junge – wie schon in seiner Märchenwelt – stets in die Rolle des Helden schlüpft, denn in Tagträumen sehen sich Kinder wohl üblicherweise gern als strahlenden Sieger. Aufschlussreich erscheint vielmehr, mit welcher Selbstverständlichkeit er auch die absurdesten Gefahren, von denen er hört oder liest, sogleich in seine unmittelbare Umgebung verlegt. Immerzu herrscht eine kriegerische Atmosphäre in seinem Phantasiereich, werden dort blutige Duelle oder ganze Schlachten ausgetragen. So ist es vielleicht kein Zufall, dass er auch in der Bibel zuerst die Apokalypse des Johannes las, und dass die vier apokalyptischen Reiter für ihn zu Nothelfern wurden, die er anrief wie andere Gläubige die Schutzheiligen, um „ein Unrecht zu tilgen, dem ich erlag: *sie* würden meine Ohnmacht rächen.“[14]

Da Fühmann vor den Nöten seiner Jugend immer wieder in literarische Gefilde auswich, in die Märchen, Sagen und Legenden, überraschte es eigentlich kaum noch, dass er auch schon in frühester Jugend eigene Texte zu Papier brachte: Bereits als Sechsjähriger – so erinnerte er sich in einem Interview –, also gleich nachdem er das Alphabet erlernt hatte, begann er Gedichte zu schreiben. In diesem Alter sprudelte die lyrische Quelle verständlicherweise vollkommen unkontrolliert und naiv. An Veröffentlichung dachte er nicht und maß sich zunächst wohl auch nie an irgendwelchen poetischen Vorbildern. Seine Produktivität dürfte sich eher aus dem Bedürfnis nach einem Ausdruckmittel für seine seelischen Bedrängnisse gespeist haben. Poesie als Selbsttherapie – das blieb noch lange der bestimmende, aber unreflektierte Antrieb für seine literarische Arbeit: Selbst im sowjetischen Kriegsgefangenlager, als er nicht einmal die Möglichkeit hatte, die auf einer Schindel eingeritzten Verse aufzubewahren, schrieb er tagtäglich und löschte seine Zeilen am nächsten Morgen wieder aus, um sie durch neue ersetzen zu können. „Vor 1945 habe ich ununterbrochen geschrieben“, bekannte er später, „ich habe, jeden Tag, ganz wahllos geschrieben, es war für mich eine Existenzfunktion, wie das vielberufene Zwitschern des Vogels in den Zweigen. Ich hätte nicht leben können, ohne zu schreiben, schrieb auch nach den ärgsten Strapazen [...].“[15] Der Vater war es schließlich, der die Gedichte seines Sohnes Zeitungen und Verlagen zur Publikation anbot. Einige wenige wurden gedruckt – unter anderem während des Zweiten Weltkriegs in der nationalsozialistischen Wochenzeitung *Das Reich* –, fast alle anderen gingen verloren.

Fühmann sagte sehr viel später einmal, man könne seinen Werdegang „natürlich auch – das *auch* möchte ich unterstreichen – eine Kette von Fluchten“[16] nennen. Die Geborgenheit und innere Ruhe, die ihm in seiner Kindheit vorenthalten blieben, fehlten ihm zeitlebens. Er wurde umhergetrieben auf der Suche nach jener Heimat, in der, wie Ernst Bloch schrieb, noch niemand war, die aber allen in der Kindheit scheine. Auch Fühmann muss in frühester Jugend etwas von ihr geahnt haben, doch fühlte er sich allzu bald schmerzhaft aus ihrer Nähe vertrieben. An den Anfang und den Schluss seines Prosabandes *Das Judenauto* (1962), in dem er das erste Mal die eigene Biographie mit literarischen Mitteln durchforschte, stellte er eine vage, aber unabweisbare Erinnerung: „Ein warmes Grün, das ist in meinem Gedächtnis wohl das früheste Bild: das Grün eines Kachelofens, um dessen oberes Bord sich das Relief eines Zigeunerlagers gezogen haben soll, doch das weiß ich nur noch aus den Erzählungen meiner Mutter, keine Anstrengung des Hirns bringt mir dies Bild zurück. Das Grün aber habe ich behalten: ein warmes Weinflaschengrün mit stumpfem Glanz [...].“[17]

Dieses anheimelnde Grün, dass er als „zweijähriger Knirps“ vor dem Ofen wahrnahm, wurde für Fühmann zum Symbol eines glücklichen, angstfreien Lebens in einer noch unversehrten Kinderwelt. Die Erfahrung jenes Augenblicks hatte sich in sein Bewusstsein eingeprägt und ließ ihn – auch in seinen Büchern – nicht mehr los: „[...] vielleicht ist es so, daß der Mensch sein Leben lang auf dem Weg zu dem Wesen ist, das er sein könnte, und das er vielleicht zum ersten Mal mit den staunenden Augen des Kinds im spiegelnden Grün des Kachelofens gesehen“.[18]

Die Lyrik:
Von den Nachteilen der Naivität

Die Erinnerung, so meinte Jean Paul einmal, sei das einzige Paradies, aus dem wir nicht vertrieben werden könnten. Kühne Worte. Man hört sie heute mit einiger Skepsis. Aber es ist wohl kein Zufall, dass der Nicht-Weimarer, der Nicht-Klassiker Jean Paul – der im Kanon der deutschen Literatur traditionell etwas stiefmütterlich behandelt wird – gerade mit dieser Behauptung in den Zitatenschatz unserer geschichtsstarken, aber oft erinnerungsschwachen Nation eingegangen ist. Formuliert sie doch als begrüßenswerte Tatsache, was bei nüchterner Betrachtung ein verständlicher, aber eher unstatthafter Wunsch ist.

Kurz vor seinem Tod im Juli 1984 stellte Franz Fühmann ein Hörspiel mit dem Titel *Die Schatten* fertig: Er lässt eine Handvoll Griechen aus dem Gefolge des Odysseus von jenen furchteinflößenden Schattenwesen berichten, denen sie am Eingang zum mythischen Totenreich begegneten. Einer der Männer greift – da er etwas in Grunde Unbeschreibbares beschreiben soll – zu einer gewagten Metapher: die heulenden, flatternden und schlürfenden Gestalten seien „wie das Erinnern" gewesen. Seine Zuhörer entgegnen ihm, das Erinnern flattere und heule nicht. Der Grieche erwidert energisch: „Doch, heulen kann es, das Erinnern – und wie! [...] Und dich berauschen wie Wein oder Blut."[1]

Auf welche Weise man diese für Fühmanns Werk bezeichnenden Zeilen auch immer deuten mag, eines ist sicher: als einen paradiesischen Ort im Sinne Jean Pauls charakterisieren sie das Erinnern nicht. Und die Gründe hierfür verraten nicht nur viel über den Autor, sondern auch einiges über die Zeit, in der er lebte.

Fühmanns Biographie ist gezeichnet von abrupten Brüchen und Wandlungen. Seine erste Konversion vom Christentum zum Nationalsozialismus war beileibe nicht seine letzte. Nach dem Krieg erlebte er seine politische Wiedergeburt als orthodoxer, stalintreuer Kommunist, und in den siebziger Jahren entwickelte er sich dann zu einem profilierten literarischen Kritiker des realen Sozialismus. Doch allen Wechselbädern zum Trotz blieb er sich in einem höheren Maße treu als andere – denn Halbheiten gestattete er sich nie. Er lebte mit einer Entschiedenheit, die selbst gute Freunde und Weggefährten erschrecken konnte: „Ja, rigoros ist er gewesen", erinnerte sich Christa Wolf einmal, „und er war mir ein wenig unheimlich in seiner Unbedingtheit."[2]

Fühmann fehlte die ansonsten weit verbreitete Gabe der Vergesslichkeit: Er blieb unfähig, seine Vergangenheit wie eine alte Haut abzustreifen und achtlos zurückzulassen. Immer wieder holten ihn Scham und Reue über das ein, was er zuvor gedacht, getan oder geschrieben hatte. Die Erinnerung an Kindheit und Jugend und auch an seinen späteren politischen Lebensweg konnte für Fühmann folglich nie eine ins sanfte Licht der Sentimentalität getauchte, unantastbare Freistatt sein. Vielmehr musste er seinen Werdegang, der in seinen entscheidenden Wendepunkten eng mit der deutschen Geschichte verknüpft war, stets mit Argwohn betrachten. Wieder und wieder war er gezwungen, ihn zu befragen, ihn aufrichtig zu prüfen und mit ihm abzurechnen. Kurz: Er war vertrieben aus dem Reich des verklärenden Gedenkens, und diese Verbannung war – daraus hat er kein Geheimnis gemacht – schmerzhaft, mitunter qualvoll für ihn. Wenn Fühmann also in einem seiner letzten Texte eine Figur sagen ließ, das Erinnern „flattere herum", es könne „heulen" oder gar „berauschen wie Wein und Blut", dann ist das nicht nur als Rollenprosa zu verstehen.

Allerdings sind die politischen Verirrungen seiner Jugendjahre keineswegs ungewöhnlich oder einzigartig. Im Gegenteil, bei angemessener Selbstprüfung hätten wohl die meisten Deutschen nach 1945 Grund genug gehabt, ihre Biographie eingehend zu überdenken. Millionen Deutsche zählten zu den

Wählern und Anhängern der Nationalsozialisten, Hunderttausende der Generationsgenossen Fühmanns zogen für Hitler mit Begeisterung in den Krieg. Doch später waren erstaunlich wenige Schriftsteller tatsächlich bereit, dieser Vergangenheit am Beispiel des eigenen Lebens mit der nötigen Härte gegen sich selbst nachzuspüren. Dazu unten mehr.

Fühmann hat sich dieser Aufgabe mit einer Energie und Schonungslosigkeit gestellt, die an Selbstzerstörung grenzte. Sein Leben lang legte er durch seine schriftstellerische Arbeit gegen innere, aber auch äußere Widerstände Rechenschaft ab über seine persönliche und politische Vergangenheit. Sein Werk erweist sich als ein großartiges Dokument jener Fähigkeit zu trauern, die zwar seit 1945 gern und oft eingeklagt wird, in der aber nur wenige sich übten. Fühmann ist im literarischen Sinne ein Gefolgsmann Henrik Ibsens, der einmal sagte, Dichten heiße nichts anderes, als Gerichtstag zu halten über das eigene Ich.

Die Spuren seiner Wandlungen haben sich tief in Fühmanns Werk eingegraben: Das rundum Gelungene und das ganz oder halb Missglückte stehen dicht beieinander. Kein sanfter Pfad führt von einer Station des Schaffens zur nächsten. Sein Lebensweg gleicht vielmehr einem wilden Gebirgssteig, der durch Schluchten, entlang an bedrohlichen Abgründen, aber immer auch zu glanzvollen Höhe- und Aussichtspunkten führt. Fühmann gehörte nicht zu jenen Schriftstellern, die Politisches und Poetisches säuberlich zu trennen vermochten. Für ihn verwob sich beides zu einem unauflösbaren Geflecht: Jeder Text war für ihn zugleich Bekenntnis. So griffen die Verbrechen und Tragödien des Jahrhunderts – oft ohne dass er es sofort bemerkte – massiv in seine literarische Arbeit ein. Ein eklatantes Beispiel hierfür ist das frühe Ende seiner lyrischen Produktivität.

Geschrieben hatte Fühmann von Kindheit an; bereits 1942 erschienen einige seiner Gedichte (gemeinsam mit den Arbeiten zweier Altersgenossen) in einem schmalen Bändchen des

Hamburger Heinrich Ellermann Verlags, das den Titel *Jugendliches Trio* trug. Wie schon in seinen von ihm selbst überlieferten Kindheitsphantasien, geht es auch in diesen Texten ausgesprochen kriegerisch zu, sprechen auch sie von allgegenwärtiger Gefahr und Zerstörung: „Nächtlicher nie noch die Nacht. / Banger noch keine Stunde. / Eine blutende Wunde / wird unser kleines Herz." Fühmann entwirft mit seiner Lyrik eine archaische, heillose Landschaft, in der die Menschen von einer unbegreiflichen Macht bedroht werden und in der ihre Vitalität allmählich versiegt. Seine Bilder sind nicht immer originell, aber trotz mancher antiquierter Wendungen kraftvoll und klar:

> Der Schnee rieselt leise aus geöffnetem Himmel –
> Die Götter reißen die alten Gestirne aus ihren Bahnen.
> Flocken fallen zu Boden in überstürzendem Gewimmel,
> überdecken das Leben – das letzte verwelkende Ahnen
> Die lebendigen Wasser haben Eispanzer bedeckt,
> das Atmen der Blumen ist in der lastenden Hülle erstickt,
> Schneeberge haben die heiligen Bäume niedergedrückt ...
> Nur meine Sehnsucht hat sich hoch in die Nacht gereckt.
> Die Götter haben die Sterne aus den alten Bahnen gerissen,
> und aus den Löchern im Firmament fällt schneeweiß der Tod.
> Meine Sehnsucht bäumt sich noch einmal auf und loht,
> dann umfängt auch sie der Tod mit kalten und weißen Küssen.[3]

Zugegeben, die Verse wirken mitunter etwas angestrengt, aber sie zeigen poetisches Talent. Ihre von Endzeitstimmung und Weltschmerz geprägte Atmosphäre und die recht freien, hart gefügten Metaphern erinnern an Dichter des Symbolismus und des Fin de Siècle wie Richard Dehmel, Stefan George oder Rilke. Von ferne erinnern sie aber auch schon an die modernere, suggestivere Lyrik Georg Trakls, die Fühmann allerdings erst später, während der letzten Kriegstage, kennenlernte. Dennoch könnte man glauben, einen etwas geschmacksunsicheren, aber nicht unbegabten Epigonen Trakls zu lesen.

Als junger Mann fühlte sich Fühmann seinen literarischen Anregungen und Vorbildern nahezu hilflos ausgeliefert: „Es gab einmal ein ungeheures, also ein ganz schrecklich ungeheures Rilke-Erlebnis in der Kriegszeit mit dem Ergebnis, daß ich jahrelang dann eigentlich nichts als unfreiwillige Rilke-Parodien geliefert habe." Doch bezeichnenderweise beurteilte er seine frühen Texte später vor allem aus politischer Perspektive: „Das waren Gedichte eines jungen Faschisten, der aber insgeheim und uneingestanden ein tiefes Unbehagen und Grauen verspürte. Es war ein seltsamer Vorgang: Ich war im Unbewußten viel weiter als im Bewußtsein. Nazideutschland stand auf der Höhe seiner Siege, aber in meinen Versen ging dauernd die Welt unter, alles verbrannte, alles verkohlte. – Das Seltsamste aber war, dass ich diesen Widerspruch gar nicht empfand."[4]

Als Fühmann dann in den Weihnachtstagen des Jahres 1949 mit einem neuen, sozialistischen, Weltbild aus der sowjetischen Kriegsgefangenschaft nach Ostberlin entlassen wurde, war es für ihn vollkommen selbstverständlich, seine ganze Kraft – also auch seine poetischen Fähigkeiten – nunmehr für die Ziele seiner frisch erworbenen Überzeugungen in die Pflicht zu nehmen. Er trat in die National-Demokratische Partei Deutschlands (NDPD) ein, eine der „Blockparteien" der DDR, die sich ideologisch streng nach den Zielen der SED ausrichteten und vor allem um die bürgerlich-national orientierten Wähler des Landes warb. Fühmann begann als Volontär der Parteizeitung und als persönlicher Referent des späteren stellvertretenden Innen- und Verteidigungsministers der DDR Vincenz Müller, schließlich stieg er bis zum Leiter der kulturpolitischen Arbeit auf.

Neben dieser rasanten Karriere im Apparat der NDPD entstanden seine ersten Lyrikbände *Die Nelke Nikos* und *Die Fahrt nach Stalingrad*. Beide erschienen 1953 und enthielten mehr oder minder geschickt versifizierte Propaganda, die nichts von der eigentümlich düsteren Sprache seiner frühen Gedichte ahnen ließ: Fühmann malte die Zukunft seines Staates in leuchtenden Farben, schrieb *Lieder junger Traktoristen* oder den *Chor der Komsomolzen* und stimmte ein hymnisches *Dank Dir, Sowjetunion* an. Zugleich verdammte er sowohl die eigene nationalsozialistische Jugend als auch das andere, das kapitalistische Deutschland, das in seinen Augen die faschistische Tradition fortsetzte. Die düsteren, unheilschwangeren Bilder, die seinen ersten Arbeiten ihr Gepräge gegeben hatten, benutzte er nur noch, um die Schrecken der Vergangenheit zu veranschaulichen. Der programmatische *Epilog und Prolog*, den er dem Buch *Die Nelke Nikos* voranstellte, lautet:

So sei verflucht, du Zeit der Totentänze,
so sei verflucht, blutiger Karneval!
Den Toten bleiben nicht mehr Grab und Kränze,
den Lebenden nicht mehr ein Schlaf, ein Mahl.
Im Land der Kerker und der Kasematten
spielen Sirenen auf zum Tanz ins Nichts;
auf dem Parkett des Grauens drehn sich Schatten.
Sie tragen Kreuze statt des Angesichts.

Unter den Linden fiedelt die Kapelle.
Ein Mörder streicht die Geige. Ein Profoß
kratzt auf dem Cello; Henker hämmern grelle
Passagen aus den schrillen Cembalos.
Ein Leichenfledderer bläst süß die Flöte,
ein Schlächter trommelt auf dem Tambourin.
Musik schwillt durch die fahle Abendröte.
Es dirigiert der Tod. Es tanzt Berlin.

Da kommen Kindlein aus den blutigen Wiegen
und fassen sich zum schwarzen Ringelreihn;
zerstörte Fraun, dem Kellergrab entstiegen,

fügen sich schweigend in den Walzer ein;
im Takt der detonierenden Granaten
tanzt Deutschland in den unfaßbaren Mai.
Es sammeln sich die sterbenden Soldaten
zum letzten Reigen vor der Reichskanzlei ...

So sei verflucht, du Zeit der Totentänze!
Um die versengten Mauern streicht der Wind.
Den Toten dauern nicht mehr Grab und Kränze –
sorgt, daß der Tag der Lebenden beginnt![5]

Die Zeilen bezeichnen nicht nur den Hauptantrieb für Fühmanns damalige literarische Arbeit – das Entsetzen über den Krieg und die Schuldgefühle wegen der eigenen politischen Verstrickungen –, sondern sie sind auch repräsentativ für Ton und Stil der gelungeneren Verse in diesem und auch dem folgenden Band *Aber die Schöpfung soll dauern* (1957). Die Gedichte möchten um nahezu jeden Preis Stimmungen beschwören, möchten sinnlich bedrängende Szenen ausmalen, die den Leser in ihren Bann ziehen, ja ihn überwältigen sollen. Doch verfügt ihr Autor nicht über die nötigen literarischen Mittel, um sein Ziel zu erreichen. Der zitierte *Epilog und Prolog* beispielsweise wird beherrscht vom Drang, ein grauenerregendes Panorama zu evozieren. Doch Fühmann überinstrumentiert den Text und schmälert so seine Wirkung: Statt wenige, aber treffende Bilder ihre Ausstrahlung entfalten zu lassen, greift er zu einer Unzahl aufdringlicher Metaphern, die sich gegenseitig regelrecht ersticken. So treten in einer einzigen Strophe Mörder, Profoß, Henker, Leichenfledderer, Schlächter und schließlich gar der Tod persönlich auf – fast so, als wolle der Autor eine Probe seines umfangreichen Wortschatzes ablegen. Wo wenige gut abgewogene Worte genügt hätten, um eine Untergangs-Vision auszumalen („Um die versengten Mauern streicht der Wind“), spielen bei Fühmann gleich „Sirenen auf zum Tanz ins Nichts“, drehen sich Schatten „auf dem Parkett des Grauens“, sammeln sich „sterbende Soldaten“ zum „letzten Reigen“, kommen „Kindlein aus den blutigen Wiegen“ und „zerstörte Fraun“ aus dem „Kellergrab“.

Auch der etwas naiv klingende, appellierende Abschluss des Gedichts – „sorgt, daß der Tag der Lebenden beginnt!“ – ist typisch für Fühmanns damalige Gedichte. Die Zeile ist zweifellos gut gemeint, aber leider sehr allgemein und folglich ungenau formuliert. Sie fordert etwas Selbstverständliches: Es fragt sich, wer denn – vor allem nach der vorangegangenen Massierung finsterer Bilder – erst noch davon überzeugt werden muss, dass er besser wäre, wenn „der Tag der Lebenden“ begänne. Die Sehnsucht nach einer anderen, besseren Welt, die sich beim Leser während der Lektüre der ersten blutrünstigen Strophen lange schon eingestellt haben müsste, wird noch einmal mit heißer Ergriffenheit benannt und somit unfreiwillig als Klischee bloßgestellt. Fühmann wirft sich hier – wie in den meisten anderen Texten dieser frühen Bände – in eine melodramatische Pose und deklamiert mit dem Eifer eines Schauspielschülers, der zum ersten Mal die Bühne betreten darf.

Sicher, vieles von dieser überzogen-theatralischen Schreibweise ist wohl als ein etwas verspäteter Reflex auf die deutsche Literatur der ersten Nachkriegsjahre zu verstehen: von Wolfgang Borchert über Ernst Kreuder bis zu Wolfgang Weyrauch im Westen und genauso im Osten von Kurt Barthel (Kuba) über Georg Maurer bis zu Johannes R. Becher holte man damals allzu gern aus zu inbrünstigen Predigten für ein „besseres Morgen“, in dem noch etwas von dem O-Mensch-Pathos des Expressionismus nachhallt. Hinzu kam, dass Fühmann als ehemaliger Nationalsozialist unter einem enormen Bekenntnisdruck stand. Gerade weil er keinen Zweifel daran aufkommen lassen wollte, dass er seinen Sündenfall bereut und sich grundlegend gewandelt hatte, konnte für ihn die Beschreibung der Vergangenheit gar nicht vernichtend und die der Zukunft gar nicht grandios genug ausfallen. Er trug lieber zehn

Mal zu dick als einmal zu dünn auf, opferte mithin die literarische Qualität der öffentlich ausgestellten ideologischen Zuverlässigkeit.

Die Vorliebe für überspitzte Formulierungen wird ergänzt durch eine ebenso zugespitzte inhaltliche Struktur der Gedichte. Fühmann war schon als Kind zu moralischem Rigorismus erzogen worden: Fügte er sich widerspruchslos in die ihm zugedachte Rolle des klugen, mutigen und dennoch unterwürfigen Sohnes, lobte man ihn über die Maßen, doch enttäuschte er die in ihn gesetzten Erwartungen, behandelte und bestrafte man ihn wie einen Verbrecher. Er erlernte so eine kompromisslose Zweiteilung, die sich schließlich im nationalsozialistischen Rassenwahn fortsetzte, auf die der Junge als Schüler und Soldat eingeschworen wurde: Die Deutschen erschienen ihm als Heldenvolk ohne Fehl und Tadel, alle fremden Nationalitäten dagegen als minderwertige, im Grunde lebensunwürdige Untermenschen. In den lyrischen Abrechnungen mit jenem verhängnisvollen Fanatismus übernahm er dann – wenn auch mit umgekehrtem Vorzeichen – die gleiche radikale Trennung: Was immer zur Vergangenheit gehört, wird in den finstersten, was immer der sozialistischen Gegenwart zuzuordnen ist, in den lichtesten Farben gemalt.

Fühmann reproduzierte mit jenem dualistischen Weltbild zugleich die Vorstellungssphäre der Volksmärchen, also jenes Phantasiereichs, in das er schon aus seiner angsterfüllten Kindheit floh. Diese Verwandtschaft ist ihm selbst nicht entgangen, und er sah in ihr zunächst eine besondere Qualität seiner Gedichte. Immer wieder berief er sich auf die *Weisheit der Märchen,*[6] wenn er das Leben in Gut und Böse, Tat und Untat, Schwarz und Weiß einteilte – genauso wie sich für ihn damals auch die ideologischen Lager streng nach ethischen Gesichtspunkten unterschieden. Er konnte und wollte zu diesem Zeitpunkt wohl nicht wahrnehmen, in welchem Maße er damit der Realität Gewalt antat, wie sehr er sie simplifizierte und banalisierte. Er sah in dem Mangel an Differenzierungen nicht einen Verlust, sondern glaubte einen höheren Abstraktionsgrad, einen unmittelbareren Zugang zur „Wurzel der Dinge"[7] erreicht zu haben. So heißt es in seinem Gedicht *Märchen* bezeichnenderweise: „Plötzlich stehst du am Grunde / der Dinge. Wie einfach sie sind!"

Welche literarischen Folgen Fühmanns Schwarz-Weiß-Malerei hatte, ist an einer der folgenden Strophen des gleichen Gedichts gut abzulesen: „Und unbarmherzig die Königinnen / hetzen den bluttollen Hund / auf die Köhlerkinder. Es spinnen / die Mägde die Finger sich wund. / Doch es kommen die Tauben immer, / wenn Aschenputtel verzagt, / und ein unbegreiflicher Schimmer / weht ums Haar der geschlagenen Magd." Alle Figuren oder Handlungen werden hier unfehlbar einseitig und mit solch entwaffnender Naivität bewertet, dass man die Zeilen nur noch als Kitsch bezeichnen kann. Zudem nimmt Fühmann das wirklichkeitsferne Reich der Fabeln und Legenden ganz ungeniert in Dienst, um an ihm seine neuen politischen Überzeugungen zu demonstrieren. Er setzt das obligate Happy-End der Märchen, jenen unvermeidlichen, eben märchenhaften Sieg des Guten über das Böse, parallel zu den eschatologischen Erwartungen des Vulgärmarxismus, der die Zukunft der sozialistischen Gesellschaft als einen Garten Eden auf Erden beschreibt. Das *Märchen*-Gedicht endet mit den Versen: „Und der Jüngling sprengt wider die Drachen, / eh das Land stirbt, die Jungfrau verdirbt. / Flammen fahren über die weißen / Gebirge, hellen den Tann, / und du weißt, wie die Drachen heißen / und wer sie zu zwingen begann – // [...] // und sind alle Drachen geschlagen: / die Helden haben nicht Ruh. / Sie wandern den klaren Tagen, / dem Morgen ohne Abend zu. / Siehst du sie am Saum unsrer Mühen / wie Gewesene und Kommende stehn? / Es ist Winter. Die Rosen blühen. / O welche Märchen werden geschehen!"[8]

In seinen letzten Gedichten, die Ende der fünfziger Jahre entstanden, beginnt Fühmann diese holzschnittartige Weltsicht zu überwinden. Er behauptet immerhin, auch wenn er es nicht nachweisen kann, „daß es im Märchen / dialektisch zugeht",[9] beschreibt die Zirkus-Arena – freilich noch mit spürbarem Erschrecken – als eine Sphäre, in der „die Begriffe schwingen, / unentwirrbar, von böse und gut",[10] und verkündet, nachdem sich in einem parabelhaften Lehrgedicht die gleiche Handlung unter veränderten Umständen zunächst als falsch und dann als richtig herausstellt, das *Lob des Ungehorsams*.[11] Doch mehr als Andeutungen einer weniger grobschlächtigen Denkweise lassen sich nicht ausmachen. Allzu rasch greifen die Texte auf die gewohnten einseitigen moralischen Urteile zurück.

Fühmann stand in diesen Jahren nach wie vor – auch wenn er glaubte, sich in der Kriegsgefangenschaft und auf der Antifa-Schule von Grund auf gewandelt zu haben – im Bann seiner nationalsozialistischen Vergangenheit. Darauf wies auch Marcel Reich-Ranicki hin, der in einer 1963 veröffentlichten Kritik insbesondere das Vokabular seiner Lyrik unter die Lupe nahm. Er kam zu dem Ergebnis, Fühmann drücke seine Begeisterung für den neuen sozialistischen Staat „in der Sprache von gestern aus: ‚Nimm unsre Hände, Deutschland, Vaterland, nimm das / glühende Herz voll Liebe und Haß, vernimm die / Stimme unbändigen Willens: Ja wir / kommen zu schaffen, zu kämpfen, zu tragen dich / Deutschland, Land unsrer Liebe, durchs Reifen der Zeit. /[...]/ Und wir bringen dir, heiliges, anderes Deutschland / unsere Leben als Quader zum Bau deiner Zukunft.' In einem Lied mit dem Titel *Auftakt* heißt es: ‚Rauschen die Blätter der Birken, / rauschen die Blätter im Buch. / In den gewaltigen Winden / rauscht unser Fahnentuch.' Und in einem Poem *Aufbau-Sonntag*: ‚Lieder singen vom Kampf und vom Sieg: / Wir baun das Deutschland von morgen!' Viele dieser Gedichte Fühmanns aus den frühen fünfziger Jahren zeugen von seinem gewiß aufrichtigen Wunsch, sich einzureihen und sich anzuschließen, von seiner abermaligen Bereitschaft zur Unterordnung und zur Gefolgschaft. Er ruft: ‚Formt jetzt vor uns die Züge / deutscher Erneuerung.' Das Gedicht *Porträt eines Angehörigen der FDJ* schließt er mit den Worten: ‚Wir begreifen es selbst nicht, wenn wir ein Planjahr des Lebens / schon in Wochen vollziehn – doch warum auch begreifen – wir tun es!‘ Das alles, ‚die Stimme des unbändigen Willens‘, das in ‚gewaltigen Winden’ rauschende Fahnentuch, die Lieder ‚vom Kampf und vom Sieg‘, die ‚Züge deutscher Erneuerung‘ und schließlich die rührende Versicherung, es sei überflüssig, zu begreifen, was man tut – das alles ist, schlicht gesagt, unverfälschte NS-Lyrik aus der Feder eines Mannes, der mit dem Nationalsozialismus nichts mehr zu tun haben wollte und ihn – kein Zweifel kann hier bestehen – zutiefst haßte. Man hatte ihn auf der ‚Antifaschule‘ nur ‚umfunktioniert‘: Daher schrieb er HJ-Gedichte mit FDJ-Vorzeichen.“[12]

In Fühmanns Versen finden sich allerdings nicht nur zahllose Überreste seiner nationalsozialistischen, sondern auch Spuren seiner christlich-katholischen Erziehung. Das traditionell religiöse Vokabular durchzieht seine Lyrik mit unbekümmerter Selbstverständlichkeit. Der Verdacht liegt nahe, dass Fühmann nach der Ankunft in der DDR seiner früheren unreflektierten lyrischen Produktion lediglich die neuen politischen Inhalte aufgepfropfte, sie aber ansonsten ebenso unreflektiert fortsetzte. An seine poetische Sprache scheint er wenig Gedanken verschwendet zu haben. Er benutzte die Worte, die ihm von Jugend an vertraut waren, ohne sie auf ihren jeweiligen Nebensinn, auf ihre ideologischen Untertöne hin zu befragen. Nur jene eindrucksvollen Bilder der Zerstörung und des Niedergangs, die seine ersten Gedichte auszeichneten, konnte er nicht recht in sein neues, zukunftsgläubiges Weltbild einfügen, so dass sie allmählich ganz der inneren Zensur verfielen.

Reich-Ranickis Kritik, die für lange Zeit die einzige gründliche Analyse seiner Lyrik im Westen blieb, traf Fühmann tief – nicht nur weil seine Gedichte abgelehnt wurden, sondern weil er einsah, dass die gegen sie vorgebrachten Argumente richtig waren. Die Rezension beschäftigte ihn noch zehn Jahre nach ihrer Publikation, auch wenn er es nicht übers Herz brachte, den Namen des Rezensenten zu nennen: „... Ja sogar jener Zeigefinger aus einer ganz anderen Landschaft, der hämisch auf ein Gedicht wies, das ich 1950 geschrieben hatte, und dann dazu jene Worte: ‚Da drin steckt noch die ganze HJ' … Es war noch hämischer gesagt, aber der Hämische hatte recht; ich hätte ihm den Finger möglichst nahe am Halse abhauen wollen […] … Er hatte recht; er hatte auf die richtige Stelle gezeigt; nicht auf eine schmerzende Stelle, die findet man selbst, nein, auf jene, die man heil glaubt … Er sei bedankt, aber: Hätte nicht ein Freund darauf zeigen müssen."[13]

In besonderem Maße dürfte Fühmann die Erkenntnis erschüttert haben, dass seine Wandlung vom blindgläubigen Anhänger Hitlers zum Sozialisten – die er doch lange schon für endgültig vollzogen hielt – alles andere als abgeschlossen war. Er hatte geglaubt, seine Vergangenheit rasch überwinden und hinter sich lassen zu können. Nun wurde ihm klar, dass er seine nationalsozialistische Jugend keineswegs so ohne weiteres abzuschütteln vermochte, dass vielmehr sie ihn unbemerkt, aber mit schauerlicher Zähigkeit im Griff behalten hatte. Mit einem Mal holten ihn Erinnerungen ein, von denen er sich vor Jahren befreit zu haben meinte und die jetzt wieder in seinem Gedächtnis – wie er das schließlich formulieren sollte – „flatterten" und „heulten" und ihn „berauschten".

Es ist nur zu verständlich, dass Fühmann nach diesen Erfahrungen kaum neues Vertrauen zu seiner naiven poetischen Produktionsweise von einst fassen konnte. Allerdings schrieb er zu diesem Zeitpunkt schon seit einigen Jahren keine Gedichte mehr. Zwar bemühte er sich mitunter energisch darum, doch wollten ihm keine Verse gelingen, die vor der eigenen Skepsis standhielten. Über das Ende seiner lyrischen Schaffenskraft hat er selbst in späteren Jahren ausgiebig nachgedacht. Charakteristisch für ihn ist, dass er die Gründe stets im politischen, nie im privaten Bereich suchte. „Das ist sehr genau datierbar auf das Jahr 1958", antwortete er in einem Interview auf die Frage, wann der Dichter Fühmann verstummte: „Es war eine tiefe Zäsur in der Literatur der DDR – übrigens auch in den anderen volksdemokratischen Staaten. Meine besten Gedichte schrieb ich, nachdem die anfangs schockartige Wirkung der Chruschtschow-Rede auf dem XX. Parteitag (1956) überwunden war. Da hatte ich die Vorstellung: Es ist eine furchtbare Wahrheit, aber nur sie bringt uns weiter. Chruschtschow hat ja die Verbrechen Stalins nackt und brutal enthüllt; ich hatte vordem Berichte, auch Augenzeugenberichte über diese Verbrechen für infame imperialistische Lügen gehalten. Also zuerst der Schock und dann das Gefühl: Jetzt kommen wir aus dem unerträglichen Zwiespalt von Realität und Darstellung der Realität heraus, jetzt finden wir aus dem Stalinismus, jetzt wird dieser Sumpf ausgeräumt. Doch von Anfang an gab es Gegensteuerungen unter der Devise, daß sich die Konterrevolution formiere. So wurde die Formel durchgesetzt: Keine Rückschau, keine Darstellung des Alten, im Vormarsch das Alte Überwinden! [...] Bloß blieben die unbewältigten Probleme unbewältigt und wurden unbewältigt weitergeschleppt. Es wurde eine dünne Schicht Ideologie drübergestreut, aber drunter blieben die Fragen lebendig und sind es bis heute, sind unabgegolten [...]. In dieser Zeit zerschliß meine lyrische Konzeption endgültig. Meine poetische Konzeption hatte geheißen: die Märchen gehen in Erfüllung. [...] 1958 fand auch die Kulturkonferenz statt, die den Schlußpunkt hinter das setzte, was man ‚Entstalinisierung' nennt. Es war eine Zäsur. In diesem Jahr hört Stephan Hermlin auf zu dichten, der eine zweite Blüte als Lyriker gehabt, sehr schöne, schmerzhafte Gebilde geschrieben hatte. Kurt Barthel, genannt Kuba, der besser ist als sein Ruf, [...] tritt, um mit Majakowski zu sprechen, seinem eigenen Lied auf die Kehle und bringt sich selbst als Dichter um: was er noch macht, wird [...] unsäglich [...]. Andere gehen in den Westen, wie Heinar Kipphardt. Tja, ich ging eben in die Prosa und machte dann, um am Ball zu bleiben, Jahr um Jahr mein Pensum Nachdichtungen. Eine neue poetische Konzeption habe ich bis heute nicht gefunden."[14]

Fühmanns „märchenhaftes“ Weltbild, in dem alles fein säuberlich nach Gut und Böse geschieden wurde, war nach der Rede Chruschtschows unhaltbar geworden. In seinen nach 1956 entstandenen Gedichten begann er diese schematische Denkweise zumindest ansatzweise zu überwinden. Auf diesem Weg fortzufahren – auch nach dem innenpolitischen Sieg der alten Stalinisten und nach dem von oben verordneten abrupten Ende der Liberalisierung im Jahr 1958 – war zweifellos mit erheblichen Schwierigkeiten verbunden, aber nicht unmöglich. In seinen Prosaarbeiten tat Fühmann eben dies, gegen Ende der sechziger Jahre zunächst noch behutsam und zögernd, nach 1968 dann entschlossen und ohne falsche Rücksichten. (Nebenbei: Das letzte Gedicht in dem Band *Die Richtung der Märchen* bezieht sich ausdrücklich auf ein Ereignis im Januar 1959 – also nach der von Fühmann angegebenen Zäsur von 1958.)[15]

Vermutlich hatte das Ende seiner lyrischen Produktion neben jenen politischen Motiven auch noch andere, unbewusste Ursachen, über die sich Fühmann nicht bewusst werden konnte und über die heute zu spekulieren müßig ist. Fest steht allerdings, dass niemand mit seiner Lyrik ebenso hart ins Gericht ging wie er selbst, als er Mitte der siebziger Jahre seine Werkausgabe für den Hinstorff Verlag zusammenstellte. Kaum eine der poetischen Arbeiten mochte er noch gelten lassen. Die Texte, die er schließlich auswählte und in den Band *Gedichte und Nachdichtungen* aufnahm, „wurden ausnahmslos zwischen 1955 und 1957 geschrieben“.[16] Selbst von diesen hielten insgesamt nur 25 seinem kritischen Blick stand. Seinen Nachdichtungen tschechischer und ungarischer Lyriker dagegen räumte er in diesem Band der Werkausgabe fast den fünffachen Raum ein – ganz so als wolle er von seinen eigenen Texten ablenken und auf die Arbeiten größerer Poeten hinweisen.

Frühe Prosa:
Die Vergangenheit in Schwarz-Weiß

1955, fünf Jahre nachdem er in die DDR gekommen war und vier Jahre bevor er seine letzten Gedichte schreiben sollte, veröffentlichte Franz Fühmann seine erste größere Prosaarbeit: die Novelle *Kameraden*. Ihr ließ er bald weitere folgen, die vom Schicksal deutscher Landser während der Kriegsjahre erzählte. Mit der Publikation dieser Geschichten avancierte er rasch zu einem der profiliertesten Schriftsteller der DDR: Die Erzählungen sprachen ein breites Publikum an, denn sie sind effektvoll geschrieben, temporeich und spannend. Sie eigneten sich als Vorlagen für Verfilmungen, die Fühmanns Bekanntheit weiter steigerten. 1956 wurde ihm der Heinrich-Mann-Preis und im Jahr darauf der Nationalpreis der DDR (III. Klasse) verliehen.

Allerdings macht sich auch in den frühen Prosatexten jener strikte Dualismus bemerkbar, der schon die Gedichte kennzeichnet. Fühmann konnte – nicht zuletzt beeinflusst durch die Antifa-Schulung – die Erlebnisse seiner Soldatenzeit nur wie durch einen Filter wahrnehmen, der jedem Ereignis und jeder Person eine eindeutige moralische Bewertung beigab. Gleichgültig, was seine Figuren tun oder empfinden, alles wird danach beurteilt, ob es der politisch falschen (nationalsozialistischen) oder der richtigen (sozialistischen) Seite dient. Auch wenn er ihre Charaktere differenziert zeichnet, findet eine Annäherung oder gar eine Vermittlung zwischen diesen extremen Positionen nicht statt. Beginnen seine Helden an ihren Ansichten und Handlungen zu zweifeln, so erleben sie das nie als einen allmählichen Prozess, sondern als einen überraschenden, ihr ethisches Koordinatensystem restlos umstürzenden Schritt. Fühmann war in jenen Jahren, wie der Literaturhistoriker Peter Demetz einmal schrieb, „ein Manichäer ohne Gott und Teufel, fühlend und denkend in gespannten Polaritäten und lange unwillens, das Relative, Halbe, Graue und Wiederholbare des Alltags zu sehen oder gar darüber zu schreiben. Es war immer alles auf die Spitze und zu schicksalsträchtigen Konfrontationen fortgetrieben."[1]

Der harte Trennungsstrich zwischen guten und bösen Figuren, zwischen guten und bösen Taten wird allerdings nicht durch Kommentare des Erzählers gezogen, sondern durch die Handlung geschickt veranschaulicht. Fühmann konfrontiert die propagandistischen Phrasen der Nationalsozialisten und ihre ebenso pathetischen wie militaristischen Ideale mit der blutigen Realität des Krieges und seinen banalen Zielen. Wenn es beispielsweise im ersten Satz der Novelle *Kameraden* heißt, die drei Helden erlebten wegen ihrer Treffsicherheit beim Übungsschießen einen „großen Tag",[2] so haben diese Worte einen fatalen Doppelsinn, den der Leser schnell durchschaut. Nach den beiden anschließenden, verhängnisvollen Schüssen, die sowohl einen Vogel als auch ein Mädchen töten, gilt die Hauptsorge der beiden schuldigen Schützen ihrem unschuldigen Begleiter: Sie befürchten, er könnte sie „verpfeifen", könnte zum „Verräter"[3] werden. Also bedrohen sie ihn mit der Waffe, um ihn an seine Pflichten als Kamerad zu erinnern. Der Widerspruch zwischen dem soldatisch-heroischen Vokabular und dem rücksichtslosen Verhalten der beiden Unglücksschützen veranschaulicht ihre Verlogenheit. Sie richten ihre Moral übersehbar nach ihren aktuellen Interessen aus: Aufrichtigkeit nennen sie „verpfeifen", und die Wahrheit wird für sie zum „Verrat".

Während Fühmann in diesen ersten Szenen die Verkehrung der moralischen Positionen lediglich anhand eines tragischen, aber doch eng begrenzten Zwischenfalles beschreibt, demonstriert er den gleichen Vorgang daraufhin anhand der Reaktionen des militärischen und schließlich des politischen Apparats der Nationalsozialisten. Als die drei in ihre Kaserne zurückkehren, erhalten sie die makabre Nachricht, Major von Saale – der Vater des erschossenen Mädchens – „habe befohlen, ihnen für ihre vorzügliche Leistung im Scharfschießen doppelte Portionen Branntwein auszugeben".[4] In der folgenden Nacht macht sich der unschuldige Soldat Thomas Vorwürfe, aber paradoxerweise nicht weil er über die Tat schweigt, sondern weil ihm dieses Schweigen Gewissensbisse bereitet. Ja, er empfindet sogar „Ekel vor sich selbst: Wie feige, wie jämmerlich hatte er sich benommen, wie schuftig! Es war eine Prüfung gewesen; er hatte versagt, der innere Schweinehund war durchgebrochen!"[5] Als wenig später die zwei Unglücksschützen ihren unschuldigen Kameraden ermorden wollen, um ihn als Zeugen aus dem Weg zu räumen, wird der Austausch von Gut und Böse geradezu aufdringlich vorgeführt. Der Major überrascht die beiden, missdeutet aber die Situation und deckt sie mit martialischen Glückwünschen ein: Er nennt sie „die Teufelskerls",[6] wünscht sich „Bleibt man so" und lobt sie wegen ihrer scheinbaren Fürsorge gegenüber dem hilflosen Thomas: „Es freut mich, [...] daß ihr nicht nur gute Schützen, sondern auch gute Kameraden seid. Die Kameradschaft ist der eherne Fels des Soldatentums."[7] Der militärische Jargon des Majors wendet sich gegen den Sprecher und offenbart so die brutale Natur dieses Vokabulars: Statt das Wort „Teufelskerls" als das Kompliment eines alten Haudegens aufzufassen, dürfen es die Leser wortwörtlich verstehen. Die gefeierten soldatischen Tugenden geben sich als zerstörerische, inhumane Unempfindlichkeit zu erkennen.

Mit der Belobigung der drei Kameraden vor der ganzen Truppe erreicht die Novelle ihre politische Dimension. Der Major empfiehlt – ohne es zu ahnen – die Mörder seiner Tochter als allgemeines Vorbild: „So müssen Soldaten, Kameraden sein! Solche Kerls braucht jetzt der Führer, um seine gigantischen Pläne zu verwirklichen!"[8] Das erschossene Mädchens wird letztlich zu einem Hilfsmittel dieser Pläne gemacht: Der Vater eines der beiden Täter, ein General, schiebt die Schuld an ihrem Tod russischen Patrouillengängern zu. Sein Sohn bezeichnet dies vielsagend als „eine nationalsozialistische Lösung [...]; so wird aus Unsinn Sinn und aus der Plage noch eine Wohltat" – und verkehrt damit eine Sentenz aus Goethes *Faust* in ihr Gegenteil.[9] Der andere Täter stimmt ihm begeistert zu: „So eine Politik, die ist richtig, die ist menschlich!", und auch der unschuldige Thomas schließt sich ihnen an: „Das ist gut, oh, das ist gut".[10] Positive und negative moralische Wertungen haben im Bewusstsein der Helden ihre Plätze getauscht.

Fühmann rückt sie jedoch abschließend – und bezeichnenderweise übergangslos – zurecht: Im gleichen Moment, in dem Thomas erfährt, dass zwei russische Mädchen als Vergeltung für den Tod der Deutschen hingerichtet werden sollen, fällt „ihm ein Schleier, ein blauer, von den Augen".[11] Völlig unvermittelt nehmen die ethischen Kategorien für ihn wieder den alten, den richtigen Platz ein. Was er kurz zuvor noch „gut" nannte, erscheint ihm mit einem Mal wieder als Verbrechen. Eine Verständigung zwischen ihm und den anderen Soldaten, die weiterhin in den falschen, nationalsozialistischen Vorstellungen befangen bleiben, kann folglich gar nicht mehr zustande kommen: Als Thomas die Wahrheit herausschreit, verdächtigt ihn der Major von Saale, geisteskrank oder zumindest betrunken zu sein, und eilt zu der Exekution, damit die Delinquentinnen nicht so lange warten müssen: „Wir sind ja keine Unmenschen."[12]

Das Programm dieser Geschichte ist unschwer zu erkennen. Fühmann geht es darum, die vielgepriesene Männerkameradschaft unter Soldaten als reines Zweckdenken bloßzustellen, das sich jederzeit für private oder politische Verbrechen missbrauchen lässt. Er wollte seinen Lesern diese Einsicht gleichsam unter der Hand auf literarischem Wege vermitteln, wollte sie belehren und arbeitete auch deshalb mit scharfen, gelegentlich überzogenen Kontrasten. In einem Gespräch Ende der siebziger Jahre bezeichnete er sein ehemaliges schriftstellerisches Konzept als „dieses Schreiben, das ich jetzt ‚didaktisch' nenne: Ich wußte etwas, ich hatte Erfahrung, existenzielle Erfahrung, aber unter ausschließlich politischem Aspekt.

Ich hatte bestimmte Erkenntnisse, die ich mitteilen wollte. Ich hatte also eine lehrhafte Absicht, und es wurde auch eine Literatur, die in einem didaktischen Sinn engagiert war. Es wäre für mich unvorstellbar gewesen, etwas zu schreiben, von dem ich nicht von vornherein wußte, was ich sagen und wie ich damit wirken wollte.“[13]

Wie sehr Fühmann in den fünfziger Jahren dazu neigte, jede Eigenschaft seiner Figuren – seien es nun ihre guten oder, was weit häufiger ist, ihre schlechten – auf die Spitze zu treiben, mag man auch an der Novelle *Das Gottesgericht* (1959) ablesen. Hier verspürt ein junger deutscher Soldat während eines unbedeutenden Einsatzes zunächst einen Anflug von Abenteuerlust. Fühmann belässt es freilich nicht bei dieser etwas unreifen, aber doch nachvollziehbaren Reaktion, sondern steigert sie zu einem faschistischen Omnipotenzwahn: „[...] der junge Funker hingegen [...] empfand [...] ein eigenartiges Gefühl, ganz glückhaft, berauschend; ein Gefühl, wie er es in dieser Wucht noch nicht erfahren hatte. Er entsann sich, ein ähnliches Gefühl empfunden zu haben, als er zum ersten Mal ein richtiges Gewehr in der Hand gehalten und dessen stählerne Last in der Handfläche gefühlt und dessen Lauf in der Sonne blitzen gesehen hatte. Es war ein herrliches Gefühl gewesen, herrlich, herrisch, ein wahrhaftes Herrengefühl [...]. Da hatte er das Gefühl gehabt, erst in diesem Augenblick wahrhaft zum Manne geworden zu sein [...]: dies Europa, auf dem sie standen, [...] Menschen wie er, Söhne seines Volkes, und hatten das Gewehr angelegt auf die anderen Völker, die vor ihnen im Staub lagen, und überall waren sie die Herren über Leben und Tod. Der Führer hat uns zu Göttern gemacht!“[14]

Gelenkt von dem Drang, sich von seiner nationalsozialistischen Vergangenheit zu distanzieren, spaltete Fühmann seine Erinnerungen an jene Zeit auf: Er machte aus den Figuren dieser frühen Geschichten entweder Engel oder Dämonen, überzeichnete sie zu Schreckensgestalten, die von der Übermenschen- oder Rassenideologie besessen sind, und umgab im

Gegenzug deren Widersacher mit einem Glorienschein. Die vielfältigen menschlichen Regungen aber, die sich in dieses enge und streng politisch orientierte Raster nicht einfügen ließen, blendete er kurzerhand aus. Eine Tendenz, die sich bis in die sechziger Jahre hinein kontinuierlich verstärkte: Waren seine Anti-Helden in den ersten Novellen noch an Kriegsgräueln beteiligt und hatten somit ihre literarische Verdammung verdient, wird der Protagonist der Erzählung *König Ödipus* (1966) in die Nähe der Hitler-Attentäter vom 20. Juli 1944 gerückt. Doch bricht der Autor auch über ihn, wie über seine Vorgänger, gnadenlos den Stab, da er als Soldat der deutschen Wehrmacht auf der historisch falschen Seite kämpft. Ein Urteil, das Fühmann in der Geschichte durch seitenlange, ermüdende Erwägungen über Schuldigwerden ohne Schuld zu rechtfertigen versucht.

Mit dieser holzschnittartigen Erzählweise verfehlte er aber zumindest teilweise die selbstgestellte Aufgabe: Denn er wollte mit seinen Novellen nicht nur den Lesern die Verbrechen des deutschen Militärs vor Augen führen, sondern auch darlegen, wer er in den Kriegsjahren gewesen war und wie er zum Nationalsozialisten hatte werden können. Doch rückte Fühmann seine Kriegserfahrungen beim Schreiben fast schon zwanghaft ins rechte Licht seiner neuen sozialistischen Überzeugungen. Welche Verluste er damit dem Gedächtnismaterial zufügte, wie viel er vergessen und umdeuten musste, lässt sich ermessen, wenn man bedenkt, wie rigoros seine Figuren in die Rubriken Gut oder Böse eingeteilt werden. Sein Prosa-Triptychon *Das Erinnern* (1959) geht schließlich so weit, nicht nur die bewusste Rückschau eines früheren deutschen Wehrmachtssoldaten in dieses zweipolige Schema zu pressen, sondern auch die freien, unwillkürlichen Assoziationen eines ehemaligen Kriegsgefangenen und sogar eine Traumerzählung.

In einem Ende der siebziger Jahre entstandenen Kommentar zu seiner frühen Prosa hat Fühmann selbstkritisch auf jenen schleichenden Betrug am eigenen Gedächtnis hingewiesen: „Das Endziel meiner literarischen Bemühungen wäre die Darstellung Eines, von dem ich erfahren könnte, dieser sei ich. Ich werde sie wohl nie in dem Grade vollbringen, in dem ich ihr Vollbringen wünsche wie fürchte: Nicht der äußere Zensor, der innere ist das Hauptproblem. [...] Es ist ein programmiertes Erfahren: Man erlebt nachträglich als sein Ureigenstes, was man als künftig einmal zu machende Erfahrung ideologisch vorweg genommen hat; seltsame Selbstbestätigung Eines, der noch gar nicht zu sich selbst gekommen ist. Analoges dann in Erinnerungen: Man erinnert das, was Einem wesentlich wurde, als erfahrenes Wesentliches, und man hat es ja auch erfahren, nur eben nicht unter solchem Aspekt. – Verfälscht ist da gar nichts, nur ausgewählt; nichts hinzugefügt, nur weggelassen, und beides ist eine Notwendigkeit. Dass man auswählen und weglassen muß, lehrt jede Poetik.“[15]

Trotz ihrer Schwarz-Weiß-Malerei sind Fühmanns erste Novellen bis heute literarisch überzeugend. Einerseits kommen die extremen Daseinserfahrungen während eines Krieges, der radikale Gegensatz von Freund und Feind, solchen simplifizierenden Erzählmustern entgegen, auch wenn sie keineswegs unvermeidlich sind, wie viele Prosaarbeiten über den Zweiten Weltkrieg – von Heinrich Bölls *Der Zug war pünktlich* (1949) bis Siegfried Lenz *Ein Kriegsende* (1984) und *Der Überläufer* (2016; entstanden 1951) – belegen. Andererseits schildern die Geschichten die Faszination der Gewalt, den verführerischen Reiz der Waffen mit solcher sprachlichen und psychologischen Sensibilität, dass sie nur wenig von ihrer Ausstrahlungskraft eingebüßt haben.

1958 verlor Fühmann seine Ämter in der NDPD. Die Entlassung stand, wie er einmal andeutete, im Zusammenhang mit dem allzu raschen Ende der Entstalinisierung. Er glaubte, in der Literatur müsse nun endlich ein freierer, unideologischerer Blick auf die Gegenwart in der DDR möglich sein, und geriet mit seinen Vorstellungen in einen unüberbrückbaren Konflikt mit der orthodoxen Parteilinie. Daraufhin entschloss sich

Fühmann, freier Schriftsteller zu werden, und konnte seine zunächst schwierige ökonomische Situation vor allem durch zwei erfolgreiche Kinderbücher konsolidieren: *Vom Moritz, der kein Schmutzkind mehr sein wollte* (1959) und *Die Suche nach dem wunderbunten Vögelchen* (1960). Zugleich benutzte er diesen Neuanfang als eine lang ersehnte Gelegenheit, den sozialistischen Staat – den er als Parteifunktionär stets aus der Perspektive der Regierenden betrachtet hatte – von unten, von der „Basis" her, kennenzulernen. Er beobachtete den Alltag eines Dorfpolizisten und schilderte das Erlebte in dem Buch *Spuk* (1961), das ihm freilich später so fragwürdig erschien, dass er daraus nur ein zwanzigseitiges Kapitel in seine Werkausgabe übernahm. Daneben arbeitete er ab September 1960 für einige Monate bei einer Schlosserbrigade auf der Warnow-Werft in Warnemünde und schrieb darüber die umfangreiche Reportage *Kabelkran und Blauer Peter* (1961). Sie gewann höchste Anerkennung – bei den Kulturfunktionären des Landes, die damals auf die Richtlinien der 1. Bitterfelder Konferenz, also auf eine beschönigende Literatur der sozialistischen Arbeitswelt, eingeschworen waren. Diese glaubten, mit ihr die Vorstudie zu einem gediegenen Betriebs-Roman in Händen zu halten. Fühmann wies diese Vermutungen in einem *Brief an den Minister für Kultur*, der im März 1964 im *Neuen Deutschland* publiziert wurde, entschlossen zurück: „Ich werde diesen Roman nicht schreiben. Weder liegt mir der Roman als Genre, noch glaube ich, jemals in der Lage zu sein, die differenzierten Gestalten des Arbeiters heute und hier in ihren Lebensmilieus, ihren Gedanken, Träumen, Wünschen, Sehnsüchten, Glücks- und Leidempfindungen so prall und poetisch echt darstellen zu können, wie dies etwa Strittmatter [...] getan hat. Ich kenne sie, die Arbeiter, dafür viel zuwenig, und der üblich gewordene Weg: in einen Betrieb zu gehen und dort längere, auch lange Zeit mit einer Brigade zu arbeiten oder sich anders umzutun, fügt den ersten schönen und tiefen Erlebnissen der Begegnung von Schriftsteller und Arbeiter zu wenig neue Erlebnisse und Erfahrungen hinzu, als daß sich der große Aufwand an Zeit noch rentiere […].“[16]

Der Brief wird häufig als Aufruf zu einer Wende in der Kulturpolitik der DDR apostrophiert. In der Tat hat die zweite Bitterfelder Konferenz im April 1964 die meisten Direktiven der ersten zurückgenommen oder relativiert. Folglich könnte man annehmen, Fühmanns Wortmeldung habe die Funktionäre überzeugt. Der 1981 aus der DDR in die Bundesrepublik übergesiedelte Schriftsteller Erich Loest deutet jenen Brief in seinen Erinnerungen an *Bruder Franz* freilich anders: „Von außen betrachtet erscheint das so: Da hat ein Schriftsteller an sich selbst erfahren, daß er sich nicht ändert, wenn er eine Zeitlang wie ein Arbeiter lebt, daß er Beobachter bleibt, daß alles Tiefergehende Illusion ist. Nun teilt er seine Erkenntnis mit, und die Politik biegt in die Kurve.“[17] Doch tatsächlich, schreibt Loest, verhielten sich die Dinge anders: Der Bitterfelder Weg habe sich als kulturpolitischer Irrweg herausgestellt: Die entstandenen Bücher erwiesen sich als literarisch dürftig. Kulturminister Hans Bentzien habe daraufhin die erst wenige Jahre alten Leitlinien ohne politischen Gesichtsverlust korrigieren wollen. Deshalb, so Loest, wandte sich Bentzien an Fühmann und ermutigt ihn, seine Zweifel am Bitterfelder Weg in einen *Brief an den Minister für Kultur* öffentlich zu formulieren. Was Bentzien dann den gewünschten Anlass lieferte, die missratenen Entscheidungen zu revidieren.

Fühmanns Hauptinteresse galt allerdings auch in den Jahren des offiziell propagierten *Bitterfelder Wegs* (1959 bis 1964) nicht der Betriebsliteratur, sondern – und dies ist charakteristisch für sein Werk – nach wie vor den Wandlungen der eigenen Biographie. Von der *Fahrt nach Stalingrad* abgesehen, wandte er sich in dem 1962 veröffentlichten Prosaband *Das Judenauto. Vierzehn Tage aus zwei Jahrzehnten* erstmals unverstellt dem persönlichen Werdegang zu. In vierzehn Kapiteln rekapitulierte er entscheidende Stationen seiner Kindheit und Jugend, die er allerdings stets mit Daten von historischer Bedeutung verknüpfte. Er wagte sich hier ganz direkt an jene „Darstellung Eines, von dem ich erfahren könnte, dieser sei ich“ - und das keineswegs aus Lust an der Selbstbespiegelung, sondern aus dem Bedürfnis heraus, die eigene Vergangenheit zu begreifen und die Ursachen für den politischen Sündenfall seiner Jugend ausfindig zu machen.

Die Titelgeschichte des Buches wurde zu Fühmanns wohl berühmtester Erzählung. Sein neunjähriges Alter Ego erlebt verwirrt und beunruhigt seine ersten sexuellen Gefühle. Seine Tagträume nehmen deutlich erotische Untertöne an: „[...] ich sah ihr Gesicht, das vor mir reglos im Gras lag, und plötzlich sah ich nur ihr Gesicht [...], und mir war, als sei dies Gesicht immer verhüllt gewesen und ich sähe es das erste Mal nackt. [...] ich [...] beugte mich über das Mädchen, das reglos im Gras lag, und berührte, ein Hauch, mit meiner Hand ihre Wange und mir wurde flammend heiß [...].“ Sein ganzen Naturerleben ist von seiner neu erwachten Begierde überlagert: „[...] ich sah das Gesicht des Mädchens in den Wellen der Gräser und im Korn sah ich ihr helles Haar. Die Wiesen dufteten sinnverwirrend, das pralle Fleisch der Glockenblumen schwang blau in der Höh meiner Brust; der Thymian sandte wilde Wellen betäubenden Duftes; Wespenschwärme brausten bös, und der Mohn neben den blauen Raden glühte, ein sengendes Gift, in hitzigstem Rot.“[18]

Aber er ist auch gebannt von den unverhohlen sadistischen Schauermärchen über die Lustmorde von Juden an Kindern. Alleingelassen mit diesen in seiner katholischen Umwelt tabuisierten Gefühlen, verstrickt er sich in abwegige Phantasien, glaubt sich von Juden in einem Auto verfolgt und macht sich so vor seinen Mitschülern lächerlich. Unfähig, sich sein eigenes Versagen einzugestehen, schiebt er die Schuld an seinem Missgeschick jenen Kräften in die Schuhe, von denen er stets hörte, sie hätten „alles Schlechte gemacht, was es auf der Welt gibt“:[19] den Juden. Er verdrängt, wie er es von den Erwachsenen lernt, seine Unzulänglichkeiten. Selbst für die geringfügige Blamage vor seinen Klassenkameraden will er nicht die Verantwortung übernehmen. Aber um ganz schuldlos zu sein, müssen andere an allem die Schuld tragen – also übernimmt er die in seiner Umgebung keineswegs tabuisierten antisemitischen Vorurteile. Zugleich wird von dem Jungen so jene starre Gegenüberstellung von positiven und negativen moralischen Positionen eingeübt, die dann das Weltbild der Soldaten in den Kriegs-Novellen prägt: Statt feine Abstufungen zwischen Gut und Böse und damit auch die eigene Fehlbarkeit anzuerkennen, betrachtet er sich lieber als das Opfer übler Machenschaften eines fremden – eben jüdischen – Komplotts: Die religiösen Außenseiter werden mithin in geradezu klassischer Weise zu Sündenböcken gemacht, denen die Dorfbewohner nicht zuletzt auch ihre uneingestandenen sadistischen Phantasien unterschieben.

Die folgenden Kapitel des Prosabandes *Das Judenauto* richten ihre Aufmerksamkeit jedoch nicht hauptsächlich auf psychologische Details. Fühmann konzentriert sich mehr und mehr auf seine vordergründig politische Entwicklung. Nach wie vor fixiert auf eindeutige Verdikte, geht er über die subtileren Nuancen der eigenen Biographie hinweg. Stattdessen verfällt er in den letzten Kapiteln in einen agitatorischen Ton und schreibt einen geglätteten, begradigten Lebenslauf nach dem sozialistischen Lehrbuch: Er stellt sich als Prototyp eines von Hitler verführten Kleinbürgers dar, der sich schließlich in der Kriegsgefangenschaft – überwältigt von der Schlüssigkeit der marxistischen Ideen – der kommunistischen Bewegung anschließt. Dies mag noch angehen, solange Fühmann in seinen autobiographischen Reminiszenzen gegen seine nationalsozialistische Jugend polemisiert. Sobald er aber zu Lobeshymnen auf seine Gegenwart, auf den Alltag der DDR ausholt, wird die Naivität seines allzu wohlgeordneten Weltbildes unübersehbar. In den meisten Geschichten der sechziger Jahre stimmt er peinliche Elogen auf seine ideologische Heimat an. Mit enthusiastischen Phrasen feiert er den realen Sozialismus und ist nicht bereit, auch nur die geringste Kritik an ihm zuzulassen. So endet das *Judenauto* geradezu idyllisch: Der Held des Buches kehrt ein in eine Gesellschaft, in der er zwar noch einige Probleme, aber keine unlösbaren Widersprüche mehr gibt. Er hat seine politische Identität gefunden – und da das Buch lediglich von seinem politischen Werdegang berichtet, geht dieser erste Versuch einer gründlichen literarischen Selbsterkundung ohne jeden Rest auf.

Doch die triumphale Geste wirkt nicht nur unglaubwürdig und plump, sie ist in Wahrheit ein verdeckter Hilferuf: Jahre später gestand sich Fühmann ein, dass ihm gerade in jener Zeit, in der er diese lobhudelnden autobiographischen Erzählungen über das Leben in der DDR verfasste, das Regime seines Landes insgeheim immer fragwürdiger wurde. Es fiel ihm zunehmend schwerer, die schönrednerische Propaganda und die traurige Wirklichkeit dieses Staates für sich zur Deckung zu bringen oder den Parolen von der lichtvollen, grandiosen Zukunft, auf die man unfehlbar zusteuere, Vertrauen zu schenken. Zugleich aber verboten ihm seine alten Schuldgefühle, offen aufzubegehren: Als ehemaliger Nationalsozialist hielt er sich nicht für berechtigt, an denen Kritik zu üben, die großen Anteil daran gehabt hatten, Hitlers Diktatur zu beenden. Diese Zerrissenheit reichte tief: Fühmann litt in jenen Jahren unter enormen psychischen Spannungen, die er nur betrunken und halb betäubt zu ertragen vermochte. Seine Alkoholabhängigkeit nahm schließlich lebensbedrohliche Ausmaße an. Die Vermutung liegt nahe, dass seine Ruhmesreden auf die Gesellschaftsordnung der DDR nicht zuletzt einem unbewussten Kompensationsbedürfnis entsprangen: Während seine lang und hartnäckig verdrängten Zweifel am realen Sozialismus allmählich alle inneren Sperren überspülten, gab er sich öffentlich einer – wie er es später nannte – „affirmativen Pathetik“[20] hin. Der Staat dankte ihm seine scheinbar so unerschütterliche Treue: 1961 wurde er in die Berliner Akademie der Künste aufgenommen, und 1963 erhielt er den Johannes-R.-Becher-Preis.

Exemplarisch für die schönfärberische Prosa jener Jahre ist die Erzählung *Böhmen am Meer*. Fühmann deutet hier zunächst einen sozialen Missstand in der DDR an, der ihn zwar nicht persönlich betrifft, der ihn aber doch in seinem politischen Selbstverständnis als Bürger eines idealen Staates verunsichern könnte. Also geht sein literarisches Alter Ego der Sache nach und stellt fest, dass die Gründe für das unverdiente Unglück einer von Verfolgungsgefühlen geschüttelten Frau in der Vergangenheit liegen: Ihr wurde durch einen Nationalsozialisten ein psychischer Schaden zugefügt, den sie nicht überwinden kann. Fühmann übernimmt also das alte ideologische Argumentationsschema, das die inneren Konflikte des realen Sozialismus kurzerhand als Überreste der alten Gesellschaftsordnung erklärt.

Allerdings verkündet er den standardisierten Schuldspruch in seiner Geschichte nicht mit theoretischen Begriffen, sondern macht ihn durch einen für ihn typischen Kunstgriff anschaulich – nämlich durch zwei Tagträume, die seinen Erzähler in dessen eigene nationalsozialistische Vergangenheit zurückführen. Er wird von seinen Erinnerungen regelrecht überwältigt, sieht sich in sein böhmisches Elternhaus oder in seine Schulferien an der Nordsee zurückversetzt. Doch Fühmann stellt die – wie er einmal andeutete: authentischen – Reminiszenzen sogleich in den Dienst seiner propagandistischen Absichten. Sie fördern aus dem Gedächtnis des Helden nichts zu Tage, was dessen politischen Überzeugungen widersprechen könnte – obwohl er diese erst, wie der Autor, wenige Jahre zuvor in sowjetischer Kriegsgefangenschaft gewann, wo er auch lernte, seine Vergangenheit ideologisch „richtig zu deuten“.[21] Seine Jugend erscheint ihm vielmehr als eine durch und durch hitlergläubige, von sozialer Überheblichkeit geprägte Zeit, was seine neu gewonnene Weltanschauung vorzüglich bestätigt.

Nur der erste Tagtraum des Erzählers enthält ein Detail, dass im Rahmen der strikt ideologisch argumentierenden Geschichte nicht weiter verfolgt wird und deshalb wie ein blindes Motiv wirkt. Gegen Ende dieser unwillkürlichen Erinnerungen verspürt der Held eine „rasende Angst“ und schaut hilfesuchend zu seinem Vater, „doch statt meines Vaters stand dort ein Mann mit einem schwarzen Umhang und einem schwarzen seidenen Barett auf dem Kopf und drehte einen Totenschädel in der Hand, und der Mann nahm den Totenschädel und goß ihn voll Wein und hob ihn hoch und rief aus voller Kehle ein schrecklich donnerndes Wort [...]“.[22] Eine gespenstische Szene, in der unverkennbar die „rasende Angst“ aus Fühmanns Kindheit und das Bild eines Vaters wiederkehrt, der dem Sohn nicht als Beschützer, sondern als Bedrohung erschien. Aber die Aufmerksamkeit des Autors ist so sehr auf die politischen Dimensionen seiner Geschichte konzentriert, dass er diesen psychologisch aufschlussreichen Teil des Tagtraums beiseite drängt.

Gewiss, nicht in allen frühen Texten beweist sich Fühmann als ein derart unterwürfiger Gefolgsmann seines Staates. In manchen kann man bereits einige skeptische Anmerkungen ausmachen, die freilich stets vorsichtig und schüchtern vorgetragen werden: In der 1960 entstandenen, aber erst 1966 veröffentlichten Geschichte *Strelch* beispielsweise beschreibt er einige pflichtvergessene Erzieher und fragt sich immerhin: „Warum nur gibt es auch bei uns Menschen, die jedem Stückchen Poesie so feindlich gegenüberstehen? [...] War es eine Art Neid auf eine Gabe, die sie nicht besaßen? [...] Oder das traurige Erbe der Vergangenheit oder eine furchtbar mißverstandene Philosophie oder all dies zusammengenommen?“[23] Und seine 1963 erschienene Erzählung *Barlach in Güstrow* läuft auf die Erkenntnis hinaus, dass ein Künstler nur seinem Werk verpflichtet ist und niemals dem Staat, in dem er lebt – was ihm, obwohl Fühmann hier unzweifelhaft den nationalsozialistischen Staat gemeint hatte, einige Kulturfunktionäre seines Landes übel genommen haben sollen.

Doch alles in allem war seine „Haltung zum Oben“, wie er es später selbst formulierte, „von etwa 1936 bis 1966 durchgehend unkritisch“.[24] Zwar wurde er in seinen Überzeugungen immer unsicherer, aber er wagte es nicht, sich seine Zweifel einzugestehen, geschweige denn sie öffentlich zu bekennen. Zu groß war nach wie vor seine Scham gegenüber jenen, die bereits gegen die Nationalsozialisten gekämpft hatten, als er noch ein blind ergebener Hitlersoldat gewesen war.

Den Ausweg aus diesem zerstörerischen Zwiespalt fand Fühmann erst im November 1968, nachdem die Truppen des Warschauer Pakts dem Prager Frühling im Sommer ein gewaltsames Ende bereitet hatten. Nun – da auch die Mächtigen der DDR offen als Zwingherren auftraten – konnte er sich seine Vorbehalte gegen ihr Regime eingestehen und mit seinen seelischen Konflikten ins Reine kommen. Als die Ärzte schon nicht mehr an Heilung glauben wollten und ihm nur noch wenige Monate gaben, überwand er seine Sucht: „Ich war im letzten Stadium des Deliriums und habe dann erst die Kraft zum Absprung gefunden und zwar unter der Maßgabe, daß ich mir sagte: Jetzt ist die letzte Chance, die dir gegeben ist, wirklich ein bewußtes Leben anzufangen, was bedeutet: zunächst einmal bewußt dein Leben durchzudenken.“[25]

Späte Prosa:
Wandlung ohne Ende

Wie konnte er zum Nazi werden – diese Frage ließ Franz Fühmann nicht mehr los. Und an der Hartnäckigkeit und Intensität, mit der er sie sich stellte, kann man ablesen, in welchem Maße ihn die Scham über seine Vergangenheit gequält hat. Kaum der Alkoholabhängigkeit entronnen, stürzte er sich in eine erneute literarische Selbsterkundung, die noch radikaler ausfallen sollte als die vorangegangenen: In dem Erzählungszyklus *Der Jongleur im Kino oder Die Insel der Träume* (1970) durchforschte er wiederum seine Kindheit. Doch versuchte er diesmal – abseits seines politischen Werdeganges – vor allem die verborgenen psychischen Reaktionsmuster aufzudecken, die seine Jugend geprägt und die aus ihm einen gehorsamen, ja hörigen Anhänger der jeweils Herrschenden gemacht hatten. Schon in einigen älteren Texten klingt gelegentlich an, dass Fühmann die Beschäftigung mit seinen Erinnerungen mehr und mehr unter psychoanalytischen Gesichtspunkten zu betrachten begann: zum Beispiel in der Erzählung *Böhmen am Meer*, die aufschlussreiche Bemerkungen zum Verhältnis von Bewusstsein und Gedächtnis enthält. Nach 1968 wurden Sigmund Freuds Ideen für Fühmann dann allerdings – wie ungefähr zur gleichen Zeit auch für Christa Wolf in *Nachdenken über Christa T.* (1968) und *Kindheitsmuster* (1976) – zu einem festen intellektuellen Orientierungspunkt: Er erkannte, dass es nicht genügte, die eigene Vergangenheit ideologisch zu deuten und entschlossen zu verurteilen, sondern dass es auch darauf ankam, Klarheit über die versteckten Prägungen zu erlangen, die seine nationalsozialistische Erziehung im Unbewussten hinterlassen hatte.

Zu dieser Zeit war die Psychoanalyse im offiziellen Kulturbetrieb der DDR noch weitgehend verpönt. Sie galt als bürgerliche Ideologie, die den marxistischen Grundlagen des Staates widersprach, da sie nicht die sozialen und materiellen Aspekte der Persönlichkeitsentwicklung in den Mittelpunkt stellt, sondern nach familiären Konstellationen oder individuellen Traumata fragt.

Doch von solchen simplen Denkmustern ließ sich Fühmann nun nicht mehr aufhalten. Wie lange sie aber das intellektuelle Leben der DDR weiter behinderten, zeigt eine Bemerkung von Fühmanns Lektorin Ingrid Prignitz, die ihn noch 1978 darum bitten musste, ihr Literatur zur Psychoanalyse „Richtung Freud – Fromm – Mitscherlich"[1] aus dem Westen zu besorgen, da solche Bücher für sie unerreichbar waren und sie sich ohne deren Kenntnis den Gesprächen mit Fühmann offenbar nicht mehr gewachsen fühlte.

Fühmann beschreibt in *Der Jongleur im Kino oder Die Insel der Träume* nur wenige, aber exemplarische Szenen aus einer Jugend in Böhmen. Die Geschichten sind nicht streng autobiografisch, aber eng mit seinen Erinnerungen verknüpft. Wie schon gesagt, ergreift er darin keineswegs die Partei des heranwachsenden Helden, doch seine vier Erzählungen fügen sich zu dem eindrucksvollen Abbild einer verfehlten Erziehung in einer „trotz ihres schnöden Reichtums öden und kalten Bürgerwelt".[2]

Auffällig ist vor allem der erstaunliche Wankelmut des Jungen. Er wird, ebenso wie die Soldaten in den frühen Novellen, immerzu zwischen extremen Wünschen und Wertungen hin und her gerissen. Am Ende dieser Wechselbäder steht er allerdings stets auf Seiten der familiären oder gesellschaftlichen Autoritäten. So „verabscheut" er zunächst seinen Vater und könnte ihn „erwürgen",[3] bevor er ihm wenig später dankbar und demütig die Hand drückt. Oder er stimmt seiner Mutter lächelnd zu, als sie ihn fragt, ob er sich über die Vertreibung der Großmutter freue, deren Schicksal ihn kurz zuvor noch mit „namenlosen Jammer"[4] erfüllte. Oder er bezeichnet Hitler – um seiner Mutter zu gefallen – als den „Antichrist" und das „Urböse", um ihn dann kurz darauf – einer Tante zuliebe –

den „herrlichen Führer“ zu nennen, dessen Gegner man „vernichten“[5] müsse. Er unterwirft sich mit stereotyper Regelmäßigkeit nahezu willenlos den Erwachsenen, ohne je spürbaren Widerstand zu leisten.

Auf welche Weise das Kind eine solche Servilität entwickeln konnte, führt Fühmann im zweiten Teil des Zyklus', in der Erzählung *Indianergesang*, lehrstückhaft vor. Die Ausgangssituation ist denkbar harmlos: Ein Kaplan studiert für ein Missionsfest mit einigen Jungen einen indianischen Kriegstanz ein. Die vorgegebenen lautmalerischen Verse erscheinen den Schülern sofort derart vertraut, als wären sie „uns an der Wiege gesungen worden“[6] – denn sie zielen direkt auf den natürlichen, infantilen Aggressionstrieb, ohne die geringste Rücksicht auf tatsächliche indianische Kulturen zu nehmen. Fühmann zeigt nun den Zusammenprall dieser ursprünglichen Empfindungen mit der rigiden Pädagogik seiner Jugend. Der Kaplan – als Vertreter der bürgerlichen Ordnung – ist von den kämpferischen Neigungen seiner Schüler begeistert und feuert sie an „‚Gut so, Buben, brav so, recht so, singt's so laut, wie daß ihr's könnt!‘, und er sprang, seine Kutte raffend, mit einem Satz an die Spitze unseres der noch fernen Schlacht entgegendürstenden Kriegszuges [...].“[7] Dass die Kinder mit diesem spielerischen Kriegszug, in den sie sich so bereitwillig einreihen, nicht zuletzt auf die noch fernen Schlachten des Zweiten Weltkrieges vorbereitet werden, ist unverkennbar.

Doch die natürlichen Aggressionsneigungen der Jungen, die dem Kaplan in die Hände arbeiten, äußern sich – zumindest tendenziell – auf eine spontane, ungebärdige Weise. Der Kaplan gestattet deshalb nicht die geringsten Anzeichen einer Unbotmäßigkeit und diszipliniert seine Schüler mit unnachsichtiger Härte. Als der kleine Held der Geschichte sich die winzige Freiheit nimmt, „Tschallawei“ statt „Schalawei“ zu singen, trifft ihn bereits der Zorn des Lehrers. Die anarchischen Gewaltphantasien des Kindes werden in die gesellschaftlich anerkannten Bahnen gezwungen. Aus dem ausgelassenen Spiel um aufputschende Gesänge wird so ein vormilitärischer Drill, der blinden Gehorsam gegenüber den staatlichen Autoritäten verlangt: „‚Es heißt aber *schalawei*, Pepperl', sagte er und zog das abgegriffene Büchlein, aus dem er uns den Gesang vorgelesen hatte, aus der Kuttentasche und [...] hob das aufgeschlagene Büchlein wie eine Hostie nach den Wandlung in die Höhe und schwenkte es, obwohl keiner von uns aus dieser Entfernung die Schrift entziffern konnte, langsam im Halbkreis [...]." Auf den Einwand des Jungen: „Aber *tschallawei* ist halt viel schöner", entgegnet der Kaplan lediglich mit einem Hinweis auf die Obrigkeit: „Aber so steht's doch gedruckt, Peppi, und der hochwürdige Herr Erzbischof selbsten hat es so gutgeheißen [...]."[8]

Die folgende Bestrafungsszene macht den Unterschied zwischen dem natürlichen und dem sozial angepassten Aggressionsverhalten deutlich. Während der Knabe in seinen Phantasien einer etwas verschwommenen Vorstellung von ritterlichem Heldentum nacheifert und eine „große Prüfung vor aller Welt in Ehren bestehen"[9] will, entwickelt sich der Kaplan zum Folterer: Er kann seine sonst unterdrückte Neigung zur Aggression nun – als Lehrer gegenüber einem ungehorsamen Schüler – gesellschaftlich sanktioniert ausleben. Da er dem Jungen jede Möglichkeit zur Verteidigung oder zur Flucht nimmt, verwandelt er ihn vom Gegner zu einem Opfer, das er erst kaltblütig schlägt und schließlich hemmungslos quält. Das Kind wird jedoch überraschenderweise durch die brutale Züchtigung nicht zu einem erbitterten Feind seines Lehrers oder der von ihm vertretenen Ordnung. Im Gegenteil, am Ende der Erzählung verteidigt der Junge seinen Schinder, übernimmt dessen Ansichten und stellt sich damit wiederum, wie in den anderen Geschichten des Zyklus', auf die Seite des jeweils Mächtigen. Freud hat diese Reaktionsweise, die den Jungen hier so rückgratlos erscheinen lässt, oft beschrieben und analysiert: „Gegen die Autorität, welche das Kind an den ersten, aber bedeutsamsten Befriedigungen verhindert, muß sich bei diesem ein erhebliches Maß von Aggressionsneigung entwickelt haben, gleichgiltig welcher Art die geforderten Triebentsagungen waren. Notgedrungen mußte das Kind auf die Befriedigung dieser rachsüchtigen Aggressionen verzichten. Es hilft sich aus dieser schwierigen ökonomischen Situation auf dem Wege bekannter Mechanismen, indem es diese unangreifbare Autorität durch Identifizierung in sich aufnimmt, die nun das Über-Ich wird und in den Besitz all der Aggression gerät, die man als Kind gern gegen sie ausgeübt hätte".[10]

Fühmanns heranwachsender Held identifiziert sich mit der Brutalität des Kaplans und begehrt deshalb nicht mehr gegen ihn auf. Durch dessen unbarmherziges Regiment wird also nicht nur die natürliche Aggressivität des Jungen in die gesellschaftlich gewünschte Richtung gelenkt, er schließt sich zugleich unbewusst der staatlichen Autorität an. Womit er dazu noch Ressentiments gegen all jene verinnerlicht, die diese Identifikation nicht mitvollziehen: „Es ist der Indianergesang", sagt der Knabe zu einem Mädchen – das einen chinesischen Tanz einstudiert hat – und rechtfertigt damit seinen Zuchtmeister, „und der muß gesungen werden, wie's richtig ist! Das ist fein was anderes als euer blödes Kinesergedudel! Das darf net a jeder singen, wie er grad will!"[11] Er akzeptiert die übertriebene Strafe, indem er sie als eine Art Auszeichnung begreift, die ihn vor den Mitgliedern anderer Gruppen oder Völker hervorhebt. So bringt die erzwungene Identifikation mit der gesellschaftlichen Autorität zugleich noch rassistische Vorbehalte gegen fremde Autoritäten und Kulturen hervor. Dieses Reaktionsmuster haben Margarete und Alexander Mitscherlich bei ihrer Suche nach den psychischen Voraussetzungen für die Neigung des autoritären Charakters zum Nationalsozialismus hervorgehoben: „Man tat alles nur für den Führer und das Vaterland. Hier wird eine der psychologischen Wurzeln jenes Patriotismus sichtbar, der so verblendeter Aggression fähig ist; er muß sich Gegner erzeugen, um die unerträgliche ambivalente Spannung zur eigenen Vater-Autorität in eine Beziehung zu einem Objekt außerhalb der eigenen

Gruppe zu verlagern. Es ist zu beobachten, daß der Fanatismus dieser Vaterlandsliebe immer in Korrelation zum Grad der Härte steht, mit dem die Autorität des Vaters unbedingte Unterwerfung fordert [...]. Zu den Künsten der Pädagogik in repressiv erziehenden Kulturen gehört es, die Aggressivität, sobald sie wirklich der Autorität gefährlich werden kann, auf Objekte, die außerhalb des eigenen Kulturbereichs [...] liegen, zu richten."[12]

Fühmann war sich allerdings auch klar darüber, welche Gefahren eine solche psychologische Deutung einer gewalttätigen Erziehung zum Untertanen in sich birgt: Es ist allzu verführerisch, dieses Interpretationsmuster – gerade weil es unmittelbar einleuchtet – vorschnell als das Alleingültige zu betrachten, mithin ein mechanisches Verhältnis von Ursache und Wirkung zu konstruieren, das den beteiligten Menschen letztlich die Selbstverantwortung abspricht. In einer Arbeitsnotiz zu der Erzählung *Indianergesang* hält Fühmann deshalb fest, dass jeder „Eindruck einer Zwangsläufigkeit" in der Entwicklung seines Helden verfehlt wäre, dass keine Notwendigkeit bestehe, „von einem bestimmten Kindheitserlebnis zu einer bestimmten Erwachsenenposition zu kommen", und dass es fatal wäre, wollte man den „Faschismus auf Psychologisches"[13] reduzieren.

Also skizziert er in den vier Erzählungen mit behutsamen Strichen zugleich die wirtschaftlich-sozialen Lebensbedingungen der halbwüchsigen Hauptfigur: seine Überheblichkeit gegenüber den Nachbarkindern aus Arbeiterfamilien, dazu den nach der Weltwirtschaftskrise nur mit Mühe aufrecht erhaltenen gutbürgerlichen Lebensstil der Eltern und deren Angst vor dem gesellschaftlichen Abstieg – was zusammengenommen die Bereitschaft, in der Politik eines starken Mannes Zuflucht zu suchen, entschieden verstärkte.

Vor allem aber betont Fühmann immer wieder die Möglichkeiten seines kindlichen Helden, auf Abstand oder gar in Opposition zu seiner Umwelt zu gehen. Gegen Ende der Erzählung *Die Austreibung der Großmutter* beispielsweise durchschaut der Knabe recht deutlich die Unaufrichtigkeit seiner Eltern – „da […] fühlte ich jäh aus meinem zertrampelten Herzen eine Kraft wachsen, die ich bis dahin noch nie gekannt: Ich fühlte plötzlich den Mut und die Lust und die Macht in mir, der Gemeinheit zu widerstehen und den Kampf mit ihr aufzunehmen, den Kampf mit all den Gespenstern und Schatten und Schemen und Greueln ringsum in den Wänden und in diesem Haus; ich spürte die Kraft und das Verlangen in mir, durchs Dunkel zu dringen und die Geheimnisse zu entschleiern, bärgen sie auch das Schrecklichste und Schaudervollste auf der ganzen Welt …“[14]

Aber es bleibt bei diesen guten Vorsätzen – der Junge nimmt den Kampf nie ernsthaft auf. Er ist offensichtlich zu schwach, sich tatsächlich von den Autoritätspersonen abzuwenden, die ihn zu beeinflussen versuchen. Will man diese Beobachtung ebenfalls psychoanalytisch deuten, so kann man mit Freud feststellen, „daß das Ich sich zum guten Teil aus Identifizierungen bildet“, muss aber hinzufügen, „daß die ersten dieser Identifizierungen sich regelmäßig als besondere Instanz im Ich gebärden, sich als Über-Ich dem Ich entgegenstellen, während das erstarkte Ich sich späterhin gegen solche Identifikationseinflüsse resistenter verhalten mag.“[15] Der *Indianergesang* handelt nun aber keineswegs von Kleinkindern, sondern von – wie Fühmann anfangs einflicht – „gerade des Lesens mächtig gewordenen Landjungens“.[16] Diese dürften somit ihre „ersten Identifizierungen“ bereits hinter sich haben und könnten also sehr wohl eine gewisse innere Freiheit erreichen. Von ihr machen die Helden der vier Erzählungen keinen Gebrauch. Die Ursachen hierfür lässt Fühmann offen, aber eben durch diese Unselbstständigkeit begründete sich für ihn augenscheinlich die Mitverantwortung der Knaben für das eigene Schicksal.

Auf Wunsch des Rostocker Hinstorff Verlages begann er im Anschluss an diesen Prosazyklus ein Tagebuch über einen längeren Aufenthalt in Ungarn zu schreiben. „Es sollte ein heiteres Büchlein für Ungarnbesucher werden, mit ein paar Reiseimprovisationen, ein leichtes, luftiges, lustiges Vademecum [...]. Und es fing auch so an", berichtete er, lange nachdem der Band *Zweiundzwanzig Tage oder Die Hälfte des Lebens* (1973) fertig gestellt war. Doch seine Herkunft ließ Fühmann auch bei dieser Arbeit nicht ruhen: Der Text entwickelte sich ihm unter den Händen zu einer wahren Höllenfahrt durch das eigene Unbewusste: „Ich entdeckte auf einmal, daß ich schrieb, um mir selbst etwas klarzumachen, vor allem in bezug auf meine Vergangenheit, die ich damals als völlig bewältigt ansah. Erst durch den Prozeß des Schreibens, im Schreiben, wurden mir Dinge problematisch, die ich als Probleme bislang nicht gesehen, und ich kam über neue Verwirrung zu neuer Erkenntnis, gewann auf erneut qualvolle Weise Einsichten [...], und erst hinterher habe ich begriffen, wo dies Buch mit mir überhaupt hingewollt hat."[17]

Später bezeichnete Fühmann die *Zweiundzwanzig Tage* als seinen „eigentlichen Eintritt in die Literatur".[18] Mit bohrender Intensität vergegenwärtigte er sich hier noch einmal seine nationalsozialistisch beeinflusste Jugend. Nicht nur um Rechenschaft abzulegen über das, was er als Soldat getan hatte – denn „ein gütiges Geschick hat mich im Krieg (und auch davor) bewahrt, Grausamkeiten zu begehen". Doch wollte er das nicht als Verdienst gelten lassen: Verbrechen seien ihm lediglich „nicht befohlen worden".[19] Fühmann ging weiter, er wollte sich über das klar werden, wozu er potentiell fähig gewesen wäre, wollte sich vor Augen stellen, wie weit ihn die von früh an geförderte Bereitschaft, gehorsam Anweisungen oder Befehle auszuführen, hätte führen können. Zur stellvertretenden Bezugsgröße wurde für ihn dabei Oswald Kaduk, einer der SS-Männer, die im Frankfurter Auschwitzprozess 1965 wegen ihrer zahllosen Morde als KZ-Wachleute zu lebenslanger Haft verurteilt wurden. Das Ergebnis der inquisitorischen Nachprüfung in eigener Sache hat Fühmann dann mit selbstquälerischer Schärfe formuliert: „Du hättest in Auschwitz vor der Gaskammer genau so funktioniert, wie du in Charkow oder Athen hinter deinem Fernschreiber funktioniert hast: Dazu warst du doch da, mein Freund [...] Nicht das ist Faschismus: daß irgendwo ein Rauch nach Menschenfleisch riecht, sondern daß die Vergaser auswechselbar sind [...] Also Gleichheitszeichen zwischen dir und Kaduk? Ja. – Die Graduierung der Schuld ist eine juristische Frage; deine Einsicht aber laute: Auch du hättest Kaduk werden können".[20]

Welche Überwindung es einen moralisch denkenden Schriftsteller gekostet haben muss, Sätze wie diese niederzuschreiben, lässt sich ahnen. Aber gerade solcher Sätze wegen wurde das ebenso originelle wie eigenwillige Reisetagebuch zu einem Wendepunkt in Fühmanns künstlerischer und politischer Existenz. Er stellte sich seine Schuld, seinen Anteil an der düsteren Geschichte Deutschlands in diesem Jahrhundert ungemildert vor Augen und bekannte sich zu ihr – eine gnadenlose Konfrontation mit sich selbst, die es ihm möglich machte, sich die eigenen Schwächen einzugestehen und also besser zu kontrollieren: „Ich sehe jetzt, daß ich eine Reihe von Charakterzügen und Denkweisen aus jener Zeit übernommen hatte, der ich mich gänzlich entwachsen wähnte, zum Beispiel einen unbedingten Autoritätsglauben, der übrigens der neuen Gesellschaft gar nicht unwillkommen war. Mit diesem Autoritätsglauben korrespondierte ein großes ideologisches Gläubigkeitsbedürfnis, das der neuen Gesellschaft ebenfalls zupaß kam." Er begriff seine Wandlung vom „verwilderten Nazijungen"[21] zum verantwortungsbewussten Sozialisten nun nicht mehr als einen kurzen einmaligen Schritt, der zwar alle politischen Wertungen umstürzte, aber dann ein für alle Mal vollbracht war. Er sah vielmehr ein, dass eine solche Wandlung ein fortwährender, vielleicht niemals abschließbarer Prozess war, in dem er sich wieder und wieder die Prägungen seiner Jugend bewusst machen musste, um unerwünschte, aber tief verinnerlichte Verhaltensmuster zu überwinden.

Damit erreichte Fühmanns retrospektive Schreibweise eine neue Dimension: Die insistierende, sich über Jahrzehnte erstreckende Beschäftigung mit den Verirrungen seiner Jugend weitete sich zur Trauerarbeit nach psychoanalytischem Modell. Er hatte – über lange Zeit sicher unabsichtlich – in den entscheidenden Teilen seines Werks nachvollzogen, was Alexander und Margarete Mitscherlich 1967 in ihrem bis heute viel zitierten, aber offenbar wenig gelesenen Buch über *Die Unfähigkeit zu trauern* als die wesentlichen Forderungen einer wirkungsvollen Auseinandersetzung mit der Vergangenheit beschrieben haben: „Der Inhalt einmaligen Erinnerns, auch wenn es von heftigen Gefühlen begleitet ist, verblaßt rasch wieder. Deshalb sind Wiederholungen innerer Auseinandersetzungen und kritisches Durchdenken notwendig, um die instinktiv und unbewußt arbeitenden Kräfte des Selbstschutzes im Vergessen, Verleugnen, Projizieren und ähnlichen Abwehrmechanismen zu überwinden." Dieses zähe Ringen mit den eigenen Erinnerungen sei notwendig, so heißt es weiter, denn die „Geschichte wiederholt sich nicht, und doch verwirklicht sich in ihr ein Wiederholungszwang. Zu durchbrechen ist er nur, wo historische Ereignisse eine Bewußtseinsveränderung hervorrufen. Das soll heißen, daß es gelingt, bisher unkontrollierbar Wirksames in seiner Motivation vollkommener und zutreffender zu verstehen." Schließlich stellen die beiden Autoren fest, es könne „ein solcher Abschnitt wie die Hitlerzeit nur dann im eigenen Gedächtnis als abgetan und erledigt betrachtet werden, wenn die intellektuelle und moralische Einstellung, die ihn erfüllte, ihm Bewegung, Richtung und Gestalt gab, radikal überwunden wurde [...]. Ohne eine schmerzliche Erinnerungsarbeit wird dies nicht gelingen können, und ohne sie wirken unbewußt die alten Ideale weiter, die im Nationalsozialismus die fatale Wendung der deutschen Geschichte herbeigeführt haben."[22]

Nicht zu Unrecht begegnet man den Reizvokabeln der späten sechziger Jahre – wie dem verschlissenen Wort von der Bewusstseinsveränderung – heute mit einigem Misstrauen. Dass dieser Begriff hier aber mehr ist als eine Floskel, hat Fühmann am eigenen Leib erfahren: „Ich bin aus dem Buch *Zweiundzwanzig Tage oder Die Hälfte des Lebens* völlig anders herausgekommen als ich hineingegangen bin."[23] Seine fortgesetzten autobiographischen Nachprüfungen zeitigten eine nahezu therapeutisch zu nennende Wirkung – und dies ist, zumindest nach psychoanalytischen Gesichtspunkten, keineswegs überraschend. So bescheinigt Freud – unter anderem in seinem Aufsatz *Erinnern, Wiederholen, Durcharbeiten*, auf den sich die Überlegungen von Alexander und Margarete Mitscherlich ausdrücklich berufen – der Trauerarbeit am eigenen Schicksal die „größte verändernde Einwirkung"[24] auf das Verhalten des Menschen.

Das soll und kann nicht heißen, Fühmann habe mit poetischen Mitteln so etwas wie eine Selbstanalyse vollzogen. Eine solche vorschnelle Gleichsetzung würde die Eigengesetzlichkeit sowohl der psychoanalytischen Behandlung als auch der Literatur verkennen. Aber Fühmann hat seine erzählerischen Selbstvergewisserungen mit so großem Ernst und schonungsloser Aufrichtigkeit betrieben, dass er nicht nur immer klarer erkannte, welches düstere Erbe die nationalsozialistisch gesteuerte Erziehung in seinem Unbewussten hinterlassen hatte, sondern dass ihm sogar eine gewisse Souveränität gegenüber diesen tiefsitzenden Prägungen erwuchs.

Durch seine rückhaltlos offene und hartnäckige Beschäftigung mit der eigenen Vergangenheit nimmt Fühmann so etwas wie eine Sonderstellung unter den deutschen Autoren seiner Generation ein. Denn nur erstaunlich wenige von ihnen berichteten in ihrer Literatur vergleichbar unverstellt von der Hitler-Gläubigkeit ihrer Jugend. Es ist nicht allzu lange her, dass durch Archivfunde die Nähe vieler Intellektueller, die in der Bundesrepublik der Nachkriegsjahrzehnte eine zentrale Rolle gespielt hatten, zu nationalsozialistischen Organisationen nachgewiesen wurde – oder dass sie diese jugendliche Nähe zu den Nazis erst mit großer Verspätung öffentlich eingestanden wie 2006 Günter Grass zum Beispiel seine Mitgliedschaft in der Waffen-SS.

Der Journalist und Schriftsteller Malte Herwig geht diesem erstaunlichen Schweigen in seinem Buch *Die Flakhelfer* nach: „Seit 1994 die NSDAP-Mitgliederkartei von den USA an das Bundesarchiv übergeben wurde, tauchen immer mehr bekannte Namen auf. Es sind Politiker und Künstler, Wissenschaftler und Journalisten, Linksliberale und Konservative. Nur eines haben sie alle gemeinsam: Sie haben ihre Jugend im ‚Dritten Reich' verbracht und sind nach dem Krieg zu prominenten Intellektuellen und Wortführern der jungen Bundesrepublik aufgestiegen. Man braucht nur die Namen aufzuzählen, und schon hat man ein politisch-kulturelles Pantheon der deutschen Nachkriegszeit vor Augen: Martin Walser, Dieter Hildebrandt, Siegfried Lenz, Hans-Dietrich Genscher, Horst Ehmke, Erhard Eppler, Hermann Lübbe, Niklas Luhmann, Tankred Dorst, Peter Boenisch, Wolfgang Iser – eine ganze Generation von Übervätern geriet in den letzten Jahren trotz tadelloser Nachkriegslebensläufe ins Zwielicht, weil sie vor 1945 im Nationalsozialismus mitgemacht hatten. Allerdings: Mit Ausnahme von Erhard Eppler wollte sich keiner der noch lebenden Betroffenen erinnern können, jemals einen Aufnahmeantrag unterschrieben zu haben. Die NSDAP – ein Verein von Zufallsmitgliedern?"[25]

Diese mangelnde Erinnerungsfähigkeit oder die ausgeprägte Geheimniskrämerei der Betroffenen, zu denen man auch Walter Jens oder Hans Werner Henze zählen kann, wurde nach der Aufdeckung ihrer Mitgliedschaft in der NSDAP in der Öffentlichkeit oft unter moralischen Gesichtspunkten debattiert. Doch jenseits davon gibt es einen Aspekt, der vielleicht noch wichtiger und lehrreicher gewesen wäre. Weil eine ganze Generation von jungen Soldaten und Flakhelfern lieber über ihre Vergangenheit in der Nazizeit schwiegen, hatten sie nicht die Möglichkeit, die Erfahrung, in ihrer Jugend durch Propaganda, Familie, Schule verhetzt und fanatisiert worden zu sein, zum Thema ihrer Selbstbesinnung zu machen. Sie verdrängten ihre eigene Vergangenheit, anstatt ihr auf den Grund zu gehen. Anders als Fühmann versäumten sie es, in ihrer Literatur die Erziehungsmuster zu vergegenwärtigen und anschaulich zu machen, in die sie gepresst worden waren und die sicher noch lange in ihrem Bewusstsein spukten. Doch gerade solche Zeugnisse intensiver Selbstanalyse einer politischen Verirrung wären heute, wo neue Extremisten und Ideologen versuchen, die liberale Gesellschaft in die Defensive zu drängen, ungeheuer wertvoll.

Hier ist neben Franz Fühmann auch Christa Wolf eine beeindruckende Ausnahme. Ihr Werk ist wie das Fühmanns zu einem wichtigen Teil ein radikaler Versuch, den Wurzeln eines ideologischen und totalitären Denkens in der eigenen Biografie auf die Spur zu kommen. Vor allem *Nachdenken über Christa T.* und *Kindheitsmuster* hat sie diesem Thema gewidmet - und es ist verblüffend zu sehen, wie vergleichbar die Ergebnisse der beiden Schriftsteller in ihrer psychologischen Sichtweise sind: „Achten Sie nur einmal darauf“, schrieb Christa Wolf 1973 in einem Essay, „worüber Angehörige meiner Generation fast nie von sich aus reden und welche Gesprächsstoffe, wenn sie doch gestreift werden, öfter Affektausbrüche auslösen, so wissen Sie mehr über jene ‚unbewältigten‘ Einlagerungen in unsere Lebensgeschichten, die das Selbständig- und Erwachsenwerden beeinträchtigen. Natürlich glaubte ich, was ich schrieb: die ‚Wandlung‘ der Generation, zu der ich gehöre, sei ‚vollzogen‘. Und wahr ist: die Umwälzung der bewußten Denk-Inhalte (dies mußte ja die erste Stufe dieser Wandlung sein) war eine erschütternde, die ganze Person ergreifende Erfahrung, und wer sich jene Untaten, zu denen wir alle ausersehen gewesen und denen wir ohne unser Verdienst knapp entgangen waren, ernsthaft vor Augen hielt, konnte, wie der Reiter über den Bodensee, am Schock nachträglich zu Boden gehen [...]. Wenn die Denk-Fehler erkannt, bereut, unter nicht geringen Anstrengungen korrigiert waren, Ansichten und Meinungen, das ganze Weltbild sich radikal verändert hatten – die *Art* zu denken war nicht so schnell zu ändern, und noch weniger waren es bestimmte Reaktions- und Verhaltensweisen, die, in der Kindheit eingeschleust, die Struktur der Beziehungen eines Charakters zu seiner Umwelt weiter bestimmen: die Gewohnheit der Gläubigkeit gegen übergeordnete Instanzen, der Zwang, Personen anzubeten oder sich doch ihrer Autorität zu unterwerfen, der Hang zur Realitätsverleugnung und eifervoller Intoleranz."[26]

Doch Fühmann hat, wie Christa Wolf, durch seine literarische Arbeit nicht nur einen freieren und kritischeren Blick auf die eigenen Prägungen gewinnen können. Zugleich erwarb er durch die rücksichtslose Aufdeckung seiner politischen Irrwege einen für ihn unschätzbaren Vorteil: Er konnte es wagen, mit größerem Selbstbewusstsein öffentlich aufzutreten – denn unnachsichtiger, als er sich bezichtigt hatte, konnte ihn kein anderer beschuldigen. So wuchs seine Bereitschaft, Zweifel an politischen Gepflogenheiten seines Staates deutlich auszusprechen. Obwohl, oder besser: gerade weil er sich nach wie vor als Sozialist verstand, machte er aus seiner Skepsis gegenüber dem realen Sozialismus keinen Hehl mehr. Entschlossen bekannte er sich nun zu den oppositioneller Autoren seines Landes: 1973 hielt er auf dem VII. Schriftstellerkongress der DDR einen Vortrag über *Literatur und Kritik*, in dem er unter anderem bündig feststellte: „Literatur geht in Ideologie nicht völlig auf" und „Literaturkritik schließt Gesellschaftskritik in sich ein"[27] – was bei den Kulturfunktionären einiges Stirnrunzeln hervorrief.

Drei Jahre später unterschrieb er als einer der ersten Schriftsteller die Petition gegen die Ausbürgerung Wolf Biermanns und schickte 1977 einen Offenen Brief an den stellvertretenden Kulturminister Klaus Höpcke, in dem er die massiven Einschränkungen der Meinungsfreiheit beklagte, die Versuche des Ministers, diese Restriktionen zu rechtfertigen, als „ein bißchen demagogisch" bezeichnete und jeden Vormachtanspruch der SED bestritt: „Weder ein Einzelner, noch ein Berufsstand, noch irgendeine soziale Organisation oder politische Gruppierung ist im alleinigen Besitz der Wahrheit [...]."[28] Er verteidigte öffentlich die in Ungnade gefallene Sarah Kirsch und setzte sich vehement für den in der DDR zunächst noch ungedruckten Wolfgang Hilbig ein. Anfang der achtziger Jahre polemisierte er in einem Interview expressis verbis gegen die „Zensur"[29] in seinem Land und brachte das Kunststück fertig, dieses Gespräch dort tatsächlich zu veröffentlichen, und gegen den langjährigen Widerstand der Kulturbehörden gelang es ihm 1982, eine erste Auswahl mit Texten Sigmund Freuds[30] in der DDR herauszugeben.

Natürlich gingen seine gewandelten politischen Überzeugungen auch an seiner literarischen Arbeit nicht spurlos vorüber. 1977 erschienen drei Erzählungen, die sich ohne Umschweife kritisch mit dem Alltag der DDR beschäftigten. Die erste, *Bagatelle, rundum positiv*, beschränkt sich noch auf die Kulturpolitik seines Landes: Die Geschichte kann man als späte Abrechnung mit dem *Bitterfelder Weg* verstehen, die noch einmal vorführt, mit welcher Leichtfertigkeit Schriftsteller seinerzeit propagandistische Phrasen über die sozialistische Arbeitswelt formulierten und mit welchem Zynismus sie von den Behörden ihres Landes auf diesem Irrweg bestätigt wurden. Fühmann empfahl, den Text als eine Ergänzung und als Korrektur zu seiner allzu hymnisch geratenen Werft-Reportage *Kabelkran und Blauer Peter* zu lesen.

Die beiden anderen dagegen versuchen an scheinbar nebensächlichen, banalen Beobachtungen Grundzüge des realen Sozialismus modellhaft sichtbar zu machen. Denn gerade die unscheinbaren, nahezu unbewussten Verhaltensweisen der Menschen ließen – so heißt es in der Erzählung *Drei nackte Männer* – bei rechter Betrachtung eine tiefere Wahrheit über ihr Zusammenleben erkennen; „solche Riten" seien nicht einstudiert, sie „ergeben sich; sie sind einfach die Form, die ein

Vorgang von einiger Wichtigkeit annehmen muß, und also sind sie doch natürlich: die Natur der Gesellschaft drückt sich darin aus".[31] Tatsächlich legen die drei nackten, titelgebenden Männer in einer öffentlichen Sauna ein bemerkenswertes, nachdenklich stimmendes Benehmen an den Tag: Der Kopf der kleinen Gruppe, offenbar ein hochrangiges Parteimitglied, wird von seinen beiden Begleitern so konsequent gegen alle anderen Badegästen abgeschirmt, dass selbst an diesem unverfänglichen Ort keinerlei Kontakt zwischen ihm und den einfachen Bürgern zustande kommt. Allerdings weisen auch die gewöhnlichen Saunabesucher ihrerseits einen zwar tumben, aber doch harmlosen Annäherungsversuch des Apparatschiks zurück: Als er lautstark einen Witz zum Besten gibt, begegnet ihm eisernes Schweigen.

Fühmanns Prosastück endet ernüchternd. Die Kluft zwischen Regierenden und Regierten bleibt unüberbrückt – mit der Folge, so wird in den letzten Zeilen angedeutet, dass der sozialistische Machthaber die Verbindung zu seiner Umwelt immer mehr verliert: Der Erzähler erkennt den Politiker auf der Straße in einer „schwarzen Limousine" und bemerkt, wie der Wagen sanft vom Boden abhebt und „in langsam stetigem Steigen direkt durch die Luft in ein lautlos von innen sich öffnendes Fenster eines fünften oder sechsten Stockes des Hochhauses am Markt"[32] entschwebt.

Schärfer noch akzentuierte Fühmann seine Kritik an den Herrschaftsstrukturen der DDR in der *Spiegelgeschichte:* Sein Erzähler wird Zeuge eines Betriebsfestes, das nicht nur durch das Gebaren der Beteiligten, sondern allein schon durch ihre Sitzordnung eine schroffe Hierarchie sichtbar macht. Die älteren Arbeiter, zu deren Ehren die Feier vorgeblich stattfindet, haben an einem langen Kantinentisch Platz genommen, während die Firmenführung, also der Parteisekretär, der Werksleiter und der Gewerkschaftsvorsitzende, an einem quergestellten und damit deutlich abgehobenen Präsidiumstisch residieren. Auch der Ablauf des Treffens ist eher dazu angetan, den Rang dieser drei zu bestätigen als tatsächlich die Betriebs-Veteranen auszuzeichnen: Sie werden als stummes Publikum missbraucht, vor dem die Vorgesetzten sich spreizen. Die Störung des vorgesehenen Zeitplans bringt deshalb vor allem den Parteisekretär in Rage, der seine Selbstinszenierung als unangreifbares Oberhaupt der Firma gefährdet sieht. Er degradiert den Empfang so zu einem Schauspiel, das in seinen Augen lediglich dem höheren Ruhme seines Amtes dient – und natürlich auch dem Ansehen seiner Person, denn er nennt sich selbst bezeichnenderweise „die Partei". Deutlicher und hochmütiger kann er seine Gewissheit, zu einer besonderen, privilegierten Klasse innerhalb der klassenlosen Gesellschaft zu gehören, kaum noch dokumentieren. Fühmann diagnostiziert hier also das ungebrochene Weiterleben zweier verschiedener Kasten, das Fortbestehen des alten Gegensatzes von Herren und Knechten im realen Sozialismus. Er erinnert mithin daran, dass die alte marxistische Vorstellung von einer klassenlosen Gesellschaft in der DDR uneingelöst geblieben war.

Doch Fühmanns Skepsis beschränkte sich nicht mehr allein auf die Verhältnisse im eigenen Land. Er begann an den Chancen für einen friedlichen sozialen Fortschritt insgesamt zu zweifeln: Die Geschichte drohte seiner Meinung nach im unaufgehobenen und vielleicht auch unaufhebbaren Widerspruch zweier militärisch wie ideologisch lückenlos gepanzerter Lager zum Stillstand zu kommen. Ende der siebziger, Anfang der achtziger Jahre des vergangenen Jahrhunderts weckte die Nachrüstung massive Kriegs- und Weltuntergangsängste der Friedensbewegungen sowohl im Osten als auch im Westen. Die sich militärisch zuspitzende Konfrontation der Blöcke stürzte Fühmann in eine „böse Krise", eine „existenzielle Lähmung",[33] aus der er sich wieder einmal mit Hilfe der Literatur zu retten versuchte.

In sieben *SAIÄNS-FIKTSCHEN*-Geschichten (1981) entwarf er eine Dystopie, eine phantastische Zukunftswelt, die ihm vor allem dazu diente, jene bösen Ahnungen und Ängste, die ihn bedrängten, anschaulich zu machen. Die Hauptfiguren Janno,

Jirro und Pavlo leben in dem totalitär regierten Staat Uniterr, der den halben Erdkreis umspannt und einen kalten Krieg gegen die andere, reichere Hälfte, namens Libroterr, führt. Der Alltag dieser Länder unterscheidet sich radikal: Während Uniterr selbst die privatesten Regungen seiner Bürger reglementiert, ist das Leben in Libroterr freizügig bis zur Perversion. Aber beide Seiten sind gleichermaßen einer blinden Wissenschaftsgläubigkeit verfallen – Rationalismus und Technik beherrschen das Denken unumschränkt. Was immer über das Mess- oder Berechenbare hinausweisen könnte, gilt als lächerliche Sentimentalität (Libroterr) oder wird kurzerhand verboten (Uniterr). Mit der absurden Konsequenz, dass nicht nur die Menschen in ein entfremdetes, schematisiertes Dasein gezwungen werden, sondern auch die Wissenschaften selbst sich nicht mehr sinnvoll entwickeln können: Während in Libroterr ein reicher Unternehmer mit gigantischem Aufwand nutzlose Hirngespinste verwirklicht (*Das Denkmal*), unterdrückt Uniterr Phantasie und Eigeninitiative so konsequent, dass die streng überwachten Wissenschaftler „nur mehr Schon-Bekanntes entdecken, immer reihum Schon-Bekanntes [...]".[34]

Die Anspielungen auf die Ära des in Ost-West-Konfrontationen erstarrten Kalten Kriegs sind unübersehbar. Tatsächlich wurden die *SAIÄNS-FIKTSCHEN*-Geschichten in der DDR vor allem wohl als Satiren auf den realen Sozialismus verstanden, als bittere Kommentare zu einer von Allmachtsansprüchen erfüllten Staatsphilosophie – was dem Buch die Begeisterung der Leser, aber auch den Unwillen der Kulturfunktionäre eintrug. Doch sollte man die Erzählungen nicht nur als kaum getarnte Karikaturen früherer politischer Verhältnisse betrachten. Fühmann skizziert in ihnen eine Endzeit, in der ein steril gewordener Rationalismus mögliche und nötige Innovationen erstickt und also die „Stagnation als Triebkraft"[35] auftritt.

Charakteristisch ist, dass Fühmann zu dieser literarischen Position wiederum durch die ständige Trauerarbeit an der eigenen Biographie gelangte: Er hatte am eigenen Leib erfahren, was es heißt, sein Weltbild nur nach eindeutigen Urteilen, nach einem klaren Entweder-Oder auszurichten. Belehrt durch seinen langen Irrweg, kam er schließlich zu der Überzeugung, dass produktiver Fortschritt nicht in der radikalen Ablehnung des jeweils anderen liegen könne, sondern nur in einer zwar konfliktreichen, aber nicht pauschal verdammenden Auseinandersetzung mit ihm. Aber die Bereitschaft dazu sah er zunehmend schwinden – und die unvermittelte Konfrontation von zwei extremen Gegensätzen führte in seinen Augen unausweichlich in die Katastrophe.

Mythische Stoffe: Abschied vom Märchen

Gegen Ende der sechziger Jahre nahm Franz Fühmann endgültig Abschied vom Märchen. Er hatte die Mängel und die Gefahren einer Denkweise erkennen müssen, die nur über eindeutige moralische Kategorien, nur über gut oder böse, weiß oder schwarz verfügt und die Grautöne ausblendet. So zeigt der Prosazyklus *Der Jongleur im Kino* – den er nach der einschneidenden Krise des Jahres 1968 schrieb – die kindliche Hauptfigur eben nicht als ein unschuldiges, sondern als ein überaus bereitwilliges Opfer seiner autoritären Erziehung. Der Junge steht damit jenseits der ungebrochen positiven oder negativen Urteile. Parallel zu diesem Aufbruch in ein differenzierteres Weltbild entdeckte Fühmann die Mythen für sich. Er begriff sie als eine Alternative zu den Märchen, oder genauer: als deren Quelle. Dem Verhältnis zwischen den zwei Prosaformen widmete er einen der *Zweiundzwanzig Tage* in den Reiseaufzeichnungen aus Ungarn – er versuchte sich hier die wesentlichen Unterschiede zwischen beiden Erzählgattungen klar zu machen und ließ keinen Zweifel daran, welcher in Zukunft sein Interesse gehören sollte: „Mythen sind Menschheitserfahrungen; Märchen sind Aufbereitungen von Mythenmotiven. Der Mythos schöpft aus der vollen Realität, das Märchen aus Bruchstücken der Mythen. Der Mythos ist erste, das Märchen zweite Hand [...] Im Mythos sind Menschen wie Götter ganze, unverkrüppelte Wesen. Im Märchen haben die Menschen nur Schattencharakter [...] Im Mythos sind Menschen und Götter einander das Andere, und der Eine ist nicht durch den Andern ausdrückbar. Er ist auch nicht sein Gegenteil. Das Märchen kennt nur zweipolige Gegensätze, und der Böse ist das genaue Gegenteil des Helden, Materie und Antimaterie, plus A und minus A. Bestenfalls gibt es Zwischenstufen, Graduierungen, Halbheiten, aber immer nur Graduierungen innerhalb einer Skala. Der Mythos ist vieldimensional [...] Märchen wie Mythen sind dem Spiel verwandt, doch im Märchen gibt es nur einerlei Spielregeln, und die sind eindeutig und werden stets eingehalten. Der Mythos kennt verschiedene Systeme von Spielregeln, solche für Menschen und solche für Götter, und jedem sind die der Anderen nicht vollkommen klar und auch nicht vollkommen erkennbar [...] Im Märchen geht es immer eindeutig gerecht zu, im Mythos gibt es verschiedene Gerechtigkeiten [...] Das Märchen lehrt träumen; der Mythos lehrt leben. Das Märchen gibt Trost; der Mythos Erfahrung [...] Im Märchen ist die Moral mechanisiert; im Mythos entsteht sie [...] Mythen sind Prozesse, Märchen Resultate".[1]

Mit diesen Überlegungen eröffneten sich Fühmann neue poetische Dimensionen. Die Wandlung vom Nationalsozialisten zum Sozialisten, die er stets als die Erfahrung seines Lebens bezeichnet hatte, zeigte sich ihm mittlerweile in einem anderen Licht und verlangte also auch nach anderen Formen der literarischen Darstellung. Früher hatte er seine erste Lektüre marxistischer Schriften in der sowjetischen Kriegsgefangenschaft als ein geradezu mystisches Erweckungserlebnis gefeiert, bei dem es ihm „wie Schuppen von den Augen"[2] fiel oder bei dem er sich „wie von einem Zauberstab angerührt"[3] fühlte, und aus dem er dann als ein vollkommen Geläuterter, als ein innerlich Neugeborener hervorging. Inzwischen sah er ein, dass diese Wandlung kein solches einmaliges Resultat sein konnte, sondern ein langwieriger, in sich widersprüchlicher Prozess sein musste, der nach einer entsprechend vielschichtigen Beschreibung verlangte: Die Helden des Märchens – so wurde ihm nun klar – „können sich [...] nicht wandeln, sie können nur ver- oder entzaubert oder ins moralische Gegenteil verkehrt werden. A wird über minus A wieder A, oder minus A wird plus A. Diese Umschläge ins Gegenteil geschehen durch bloßes Auswechseln von Attributen. Im Mythos hingegen herrscht die Dialektik von Wandlung und Identität, die ich im Märchen immer vermißte".[4]

Die anhaltende Faszination Fühmanns durch den Mythos ist also nur zu verständlich. Er versuchte in der theoretischen Auseinandersetzung mit ihm, aber auch durch die Arbeit an zeitgemäßen Prosa-Adaptionen bestimmter mythischer Stoffe, einen neuen erzählerischen Ansatzpunkt für jenes Thema zu finden, das ihm wie kein anderes am Herzen lag: die Irrungen und Wirrungen des eigenen Lebens. Wie unsicher er sich allerdings zunächst noch auf diesem literarischen Neuland bewegte, belegt seine unvollendete Bearbeitung des *Prometheus*-Mythos, die 1974 mit dem Untertitel *Die Titanenschlacht* veröffentlicht wurde. Obwohl sie in einem Kinderbuchverlag erschien, handelte es sich keineswegs um eine vereinfachte, leicht konsumierbare Aufbereitung der tradierten Motive. Fühmann bemühte sich vielmehr um eine eigenständige Interpretation des Stoffes, der – brisant genug für einen Schriftsteller im realen Sozialismus – die gespenstisch schnelle Metamorphose eines siegreichen Revolutionärs zum machtbesessenen Diktator in den Mittelpunkt stellte. Doch gelang es Fühmann nicht, diese Verwandlung an einer zentralen Figur zu demonstrieren: Er führte statt dessen zwei Aufrührer vor, Zeus und Prometheus, die zunächst gemeinsam die alten Unterdrücker stürzen, dann aber getrennte Wege einschlagen, die sich wiederum „märchenhaft" klar nach gut und böse, richtig und falsch unterscheiden lassen. Von jener inneren „Dialektik von Wandlung und Identität", die er selbst als Qualität des Mythos bezeichnet hatte, ist in seinem *Prometheus* wenig zu spüren.

Dieser Mangel seiner Adaption dürfte Fühmann nicht entgangen sein, und vermutlich legte er sie deshalb nach Abschluss eines ersten Bandes beiseite. Er setzte noch einmal neu an und vertiefte sich in weitreichende Forschungen: Das Ergebnis war der 1974 an der Berliner Humboldt-Universität gehaltene Vortrag über *Das mythische Element in der Literatur*, seine – neben den Essays zum Leben und Werk E.T.A.Hoffmanns und *Vor Feuerschlünden* – substantiellste theoretische Arbeit. Der Aufsatz betrachtet auch das Wesen des Mythos in erster Linie aus psychologisch-psychoanalytischer Sicht: Unter Berufung auf Karl Kerenyi und C. G. Jung bestimmt er die Mythen als die literarischen Produkte der Archetypen, also der im jahrtausendelangen Evolutionsprozess in das kollektive Unbewusste der Menschen eingeschliffenen Erfahrungsmuster. Jeder Text, der solchermaßen Archetypisches formuliere, gewinne eine besondere, eigentümliche Ausstrahlungskraft, der sich der Leser oder Zuhörer schwer entziehen könne. Doch sind diese Erfahrungsmuster, darauf legte Fühmann besonderen Wert, niemals eindeutig fixierbar: Da der Mensch sich nicht nur als ein individuell-natürliches, sondern auch als ein gesellschaftliches Wesen definiere, seien seine wesentlichen Erlebnisse fast immer in sich widersprüchlich, ambivalent: „Das Mythische ist Gleichnis für die Verschränkung dessen, was sowohl draußen wie drinnen ist, vom historisch-sozialen wie von psychischen Realitäten."[5]

Diese Mehrdeutigkeit trägt dazu bei, dass die Archetypen und folglich auch die Mythen unerschöpflich und mit einer nie versiegenden Wandlungsfähigkeit begabt sind. Es existiere keine mythische Ursprungsform, sondern es gebe lediglich immer neue Interpretationen spezifischer Bilder und Situationen – schreibt Fühmann und lehnt sich damit eng an die Vorstellungen C. G. Jungs an: „Kein Archetypus läßt sich auf eine einfache Formel bringen. Er ist ein Gefäß, das man nie leeren und nie füllen kann. Er existiert an sich nur potentiell, und wenn er sich in einem Stoff gestaltet, so ist er nicht mehr das, was er vorher war. Er beharrt durch die Jahrtausende und verlangt doch immer neue Deutung. Die Archetypen sind die unerschütterlichen Elemente des Unbewußten, aber sie wandeln ihre Gestalt beständig."[6]

Zur Illustration dieser besonderen Natur des Mythos zieht Fühmann das „Beispiel vom Schach" des Schweizer Linguisten Ferdinand de Saussure heran, dessen Namen er jedoch nicht nennt, sondern den er anonym als einen „Begründer der modernen Sprachwissenschaft" einführt: „Er stellt die Frage: ‚Was ist Schach?‘ und meint, hier seien zwei Antworten möglich, weil Schach in *zwei* Weisen existiere: Es sei einmal eine Beschreibung bestimmter Spielsteine und der Regeln ihrer Verwendung [...], und ‚Schach‘ ist andrerseits die unendliche Vielfalt des Schachspielens als Entfaltung dieser Anlage, und es ist so lange im Prozeß seines Entstehens, bis die Summe aller Partien erreicht ist, [...] die je gespielt wurden und je gespielt werden können.“[7]

Fühmann stellt in seinem Essay vor allem die Wirkung mythischer Literatur auf den Leser oder Zuhörer in den Mittelpunkt. Er betont insbesondere ihre befreiende, kathartische Funktion: Sie erlöse den Menschen aus der Einsamkeit seines individuellen Erlebens, indem sie ihm Gleichnisse anbiete, in denen er sich und seine Lebensprobleme in großer Komplexität wiedererkennen könne. „Vieltausendfache subjektive Erfahrungen widerspruchsgetriebener Prozesse wie widerspruchsvoller Konstellationen haben sich in die Seelen als Anlage künftiger Gleichnisse derart und dermaßen eingeschliffen, daß das Aussprechen der Gleichnisse dann selbst das Gefühl des SO IST ES hervorrufen kann: das Gesellschaftliche erscheint als das Elementare. SO IST ES – man hat es ja schon immer gewußt, es hat einem auf der Seele gebrannt, nur konnte man's nicht in Worte fassen, darum hat der Menschenbruder, hat die Menschenschwester für einen gesprochen, und siehe, sie haben es gesagt.“[8]

Sicherlich wollte Fühmann die therapeutische Kraft des Mythos nicht überbewerten, er wusste, wie flüchtig oft seine Macht ist. Aber er bestand darauf, dass die Möglichkeit, „individuelle Erfahrung [...] an Modellen von Menschheitserfahrung zu messen“,[9] für den Einzelnen eine Chance darstelle, sich über die persönliche Lebenssituation zu erheben. Immer wieder machte er sich in den folgenden Jahren daran, Stoffe aus der antiken oder biblischen Mythenwelt neu zu erzählen. Seine Adaptionen erschienen 1978 in dem Buch *Der Geliebte der Morgenröte* und in den beiden Nachlass-Bänden *Das Ohr des Dionysios* (1985) und *Die Schatten* (1986).

Fast zehn Jahre lang hatte er Ideen und Material für sein ehrgeizigstes literarisches Vorhaben gesammelt: ein ausuferndes Opus mit dem Arbeitstitel *Bergwerk*. Es sollte, ließ er in einem Interview wissen, „eine Standortbestimmung des Schriftstellers meines Wertsystems [...] in einer Gesellschaft, die sich selbst als real existierender Sozialismus versteht",[10] enthalten. Anfang 1983 begann Fühmann mit der konkreten Arbeit am Manuskript. Schwer an Krebs erkrankt, musste er sie schon im Sommer desselben Jahres wieder abbrechen. Die ihm verbleibende Zeit bis zu seinem Tod im Juli 1984 verwandte er darauf, bereits vorhandene Texte, die er in das *Bergwerk*-Projekt hatte einbeziehen wollen, zu einem Prosa-Zyklus zu ergänzen – aber auch diese Absicht konnte er nicht einmal zur Hälfte verwirklichen. Dennoch lassen sich an diesen postum publizierten Geschichten vielleicht am deutlichsten die Eigenheiten von Fühmanns literarischer Arbeit am Mythos demonstrieren.

Keine der Erzählungen kann die intensive Auseinandersetzung ihres Autors mit der Psychoanalyse verleugnen. Sie handeln allesamt von dem zumeist unbewussten Wechselspiel zwischen Erotik und Macht, Liebe und Tod, Sexualität und Gewalt. Immer wieder heben sie die Ambivalenz der menschlichen Gefühle hervor: So schlägt hier wiederholt Zuneigung unvermittelt um in Abscheu, Brutalität verwandelt sich unverhofft in Güte und hinter fürsorglicher Aufmerksamkeit verbirgt sich herablassende Verachtung. Da sind beispielsweise (in der Geschichte *Amnon und Tamar*) die beiden Königssöhne, die ihre keusche Schwester begehren: Der eine verzichtet auf seine Leidenschaft und richtet seine Energien stattdessen auf sein ebenso brutales wie blutiges Kriegshandwerk. Der andere verführt das widerspenstige Mädchen mit einer List, empfindet daraufhin aber Ekel vor ihr und wendet sich von ihr ab. Oder Ixion (in der Geschichte *Nephele*), der von Zeus großzügig gefördert wird, aber, statt sich dankbar zu zeigen, dessen Frau Hera nachstellt und seinen göttlichen Gönner stürzen will. Oder Demeter, die Göttin der Fruchtbarkeit, die alle Natur verdorren lässt, nachdem sie ihre Tochter an Hades, den Herrscher der Unterwelt, verloren hat (*Baubo*). Die trauernde Mutter gewinnt ihren Lebensmut erst wieder zurück, als sich die greise Amme Baubo vor ihren Augen schamlos entblößt – ein sonderbar anrührender Sieg der Libido über den Todestrieb. Mit wie viel Sorgfalt und Raffinement Fühmann diese Erzählungen ausgefeilt hat, zeigen sprachliche Details. Die Ambivalenz der Empfindungen seiner Figuren spiegelt sich in zwiespältigen und oft erotisch getönten Metaphern oder werden zu Oxymora verdichtet, die innere Widersprüche in einzelne Worte zusammenzwingen.

Von manchen westlichen Kritikern, die vor allem nach versteckten Anspielungen auf die politischen Konflikte in der DDR Ausschau hielten, wurden Fühmanns Mythen-Adaptionen gelegentlich als betuliches Kunsthandwerk abgetan. Sie sind weit mehr. Fühmann weicht in entscheidenden Punkten von den Vorlagen ab, folgt konsequent eigenen Vorstellungen und deutet das Überlieferte so in einem neuen, modernen Sinn, ohne deshalb in einen modernistischen Ton zu verfallen. Wenn Ixion beispielsweise zur Strafe nicht in den Tartaros verbannt wird, sondern, an ein glühendes Rad geschmiedet, ewig über den Himmel kreist, um die Lehre seines Lebens herauszubrüllen: „Du sollst deinem Wohltäter dankbar sein",[11] so darf man sich zu Recht an die – ebenso simplen – Urteilssätze erinnert fühlen, die den Delinquenten in Franz Kafkas *Strafkolonie* auf den Leib geschrieben werden. Und wenn in *Erzvater und Satan* der Teufel, nicht Gott, den alten Abraham in letzter Sekunde davon abhält, seinen Sohn Isaak zu opfern, dann bringt in dieser Erzählung eben nicht der blinde Gehorsam, sondern der Geist der Subversion die Rettung.

Die schillerndste und verblüffendste von Fühmanns Mythos-Adaptionen ist freilich *Das Ohr des Dionysios*. Er breitet hier, wie Kafka in seinem *Prometheus*-Text, nicht einfach ein bestimmtes mythisches Motiv aus, sondern verfolgt die Veränderungen und Verwerfungen dieses Motivs mit erzählerischen Mitteln quer durch die Jahrhunderte. Es entsteht so die Geschichte einer zunehmenden Depravation, einer schleichenden Banalisierung des Mythos': War der Umgang mit jenem *Ohr des Dionysios* in der Antike zwar von Wunderglauben und Brutalität, aber auch von Respekt vor den Menschen und vor der Natur bestimmt, so wird er mit der hereinbrechenden Neuzeit friedlicher und rationaler, jedoch zugleich immer zweckorientierter, immer stärker instrumentalisiert. Wiederum ein höchst ambivalentes Thema: Das „Ohr" dient zunächst der Tyrannei, macht allerdings auch Gnade und Freundlichkeit möglich. Später dann verkommt es zur belanglosen Touristenattraktion, die für die Besucher weder Nachteil noch Nutzen hat. Fühmann machte so die *Arbeit am Mythos* zum Gegenstand seiner Erzählung: Sein Text ist – wie Hans Blumenberg über Kafkas *Prometheus* schreibt – „nicht *eine* Rezeption des Mythos, auch nicht das Resultat seiner Rezeptionen durch eine verfolgbare Zeitstrecke hindurch, sondern die Mythisierung dieser Rezeptionsgeschichte selbst [...]."[12]

Vor Feuerschlünden: Triumph und Tod

Leicht hat es sich Franz Fühmann nie gemacht – und leicht ist sein Leben wohl auch nie gewesen. Von Jugend an war er massiven familiären und politischen Zwängen ausgesetzt. Als er sich in späteren Jahren zumindest von dem ideologischen Druck befreien konnte, tauschte er ihn ein gegen die selbstauferlegte Verpflichtung zu unnachsichtiger Wahrhaftigkeit. Doch sein aufreibender, kräftezehrender Weg endete im literarischen Triumph. Mit dem autobiografisch-poetologischen Essay *Vor Feuerschlünden*, seinem kurz vor Erkrankung und Tod erschienenen letzten großen Buch, gelang es Fühmann, alle wesentlichen Linien seines Werks virtuos zu vereinen: die Scham über die eigene Vergangenheit, die Suche nach einer neuen, modernen Konzeption für seine Lyrik, den forschenden Umgang mit mythischen Motiven und nicht zuletzt die immer energischer werdende Kritik am realen Sozialismus. Freilich fand auch in diesem Essay sein Lebensthema – das unablässige Nachdenken über den persönlichen Werdegang – noch immer nicht seinen Abschluss. Fühmann konnte und wollte ihn nicht mehr finden, war er sich doch mittlerweile darüber klar geworden, dass die Trauerarbeit an der eigenen Biographie eine andauernde, unablässig fordernde Aufgabe darstellt, die den Einzelnen dazu zwingt, sein Verhältnis zur gesellschaftlichen Umwelt immer wieder aufs Neue zu überprüfen und zu revidieren. Doch formuliert Fühmann diese Erkenntnis hier mit noch größerer Klarheit und Präzision als zuvor und erreichte so mit dem Ende seines Lebenswerks auch dessen Höhepunkt.

Vor Feuerschlünden erschien in der Bundesrepublik unter dem Titel *Der Sturz des Engels* und wurde wenige Monate nach seinem Erscheinen gleich zweimal öffentlich gefeiert: Fühmann erhielt für das Buch sowohl die Auszeichnung des

SWF-Literaturmagazins als auch den Münchner Geschwister-Scholl-Preis. Diese zweite Ehrung zählt zwar nicht zu den prominentesten Literaturpreisen der Bundesrepublik, doch hatte gerade sie für Fühmann eine ganz außerordentliche Bedeutung – trägt sie doch den Namen junger Widerstandskämpfer, die von den Nationalsozialisten ermordet worden sind. Dass man ihm, dem ehemaligen „verwilderten Nazijungen", diese Auszeichnung zusprach, war für ihn mehr als eine Anerkennung seiner schriftstellerischen Fähigkeiten. Er musste sie zugleich als eine Würdigung seines lebenslangen Ringens um eine tiefgreifende Läuterung seiner Person empfinden. „Ich will Ihnen das Geständnis machen", sagte er in seiner Rede bei der Entgegennahme der Auszeichnung, „daß mich [...] Schrecken ankam, als ich begriff, mir sei ein Preis zugesprochen, der den Namen von Hans und Sophie Scholl trägt. Gewiß, am Anfang ist die Freude gestanden, ungläubige Freude, sich versichernde Freude, und schließlich ein Augenblick reinen Glücks, doch dann ist das Erschrecken hinzugetreten, die Unzulänglichkeit meiner Leistung an der Unbedingtheit zu messen, die mit diesen Namen verbunden ist. Und ich muß meine Arbeit daran messen, wenn ich wage, diesen Preis anzunehmen, meine vorliegende wie meine künftige Arbeit, ich muß alles mein Künftiges daran messen, das Künftige meines Tuns und Lassens, und da wird dies Erschrecken Sorge. [...] Meine Damen und Herren, ich nehme den Geschwister-Scholl-Preis [...] dankbar, beglückt und erschrocken entgegen. Ich hätte nie zu träumen gewagt, daß mir dieser Preis verliehen werden könnte. Ich kann mir für mich keinen schöneren denken. Ich übe einen harten Beruf aus, Momente des Glücks sind darin selten, sie stehen sehr nahe dem Unerlaubten; dieser Zuspruch hat mich glücklich gemacht."[1]

Bemerkenswert ist, dass Fühmann auch dieses Buch, das später sein Meisterwerk werden sollte, zunächst als eine Gelegenheitsarbeit, als eine freiwillig übernommene Pflichtübung begann. Sein zentrales Interesse galt nach wie vor der eigenen nationalsozialistischen Vergangenheit und der Wandlung, die er in der sowjetischen Kriegsgefangenschaft vollzogen hatte. Mit beidem war er keineswegs fertig, weder als Mensch noch als Schriftsteller. Als er in seinem ungarischen Reisetagebuch *Zweiundzwanzig Tage* die Bilanz seiner vergangenen literarischen Anstrengungen zog, war ein Unterton von Verzagtheit und Verzweiflung nicht zu überhören: „Meine vergeblichen Versuche (waren es überhaupt Versuche, war es nicht vorerst nur ein Wunsch, ein Verlangen, ein Ziel), das zu beschreiben, was man Wandlung nennt! Sie ist die Erfahrung meines Lebens, sie ist seit zwanzig Jahren mein Thema, aber sie ist es eigentlich noch immer als Vorsatz, geleistet habe ich dazu bestenfalls Vorarbeiten! Ich habe das Vorher geschildert, ein wenig das Nachher, aber der entscheidende Prozeß, eben der der Wandlung, ist literarisch nicht bewältigt.“[2] Immer dringlicher legte er sich daraufhin in den siebziger Jahren die Frage vor, wie er damals fast übergangslos von einem fanatischen Hitler-Anhänger zu einem treuen Gefolgsmann Stalins hatte werden können. Doch fand er nicht den richtigen Ansatz, nicht die rechte poetische Form, seine Erlebnisse angemessen umzusetzen. Bis sich dann, wie schon bei der Arbeit an den *Zweiundzwanzig Tagen*, die unwillkürlich aufbrechenden Erinnerungen gegen alle schriftstellerischen Pläne und handwerklichen Bedenklichkeiten durchsetzten. Vom Leipziger Reclam Verlag aufgefordert, ein kurzes Nachwort zu der ersten vollständigen Edition der Werke und Briefe Georg Trakls in der DDR zu schreiben, brachte Fühmann den fast dreihundert Seiten umfassenden Essay *Vor Feuerschlünden* zu Papier.

Sein Ausgangspunkt ist so simpel wie verblüffend. „Gedichte sind eine andere Art Träume“,[3] schreibt Fühmann auf einer der ersten Seiten, und schlägt damit das Leitmotiv an, mit dem er immer wieder die verschiedenen Textschichten des Buches verklammert: zum einen die grundsätzlichen Überlegungen zur modernen Lyrik und ihrem Verhältnis zum Sozialistischen Realismus, zum anderen die Interpretationen zu einigen ausgewählten Versen Georg Trakls, und schließlich die Erinnerungen an ganz persönliche, intime Erfahrungen im Umgang mit dessen Poesie. Nebenbei: Fühmann war keineswegs der Erste, der Parallelen zwischen Trakls Lyrik und der Natur der Träume entdeckte. Rainer Maria Rilke schrieb wenige Wochen nach dem Tod Trakls an Ludwig von Ficker, einen Freund und Förderer des Verstorbenen: „Inzwischen habe ich den *Sebastian im Traum* bekommen und viel darin gelesen: ergriffen, staunend, ahnend und ratlos; denn man begreift bald, daß die Bedingungen dieses Auftönens und Hinklingens unwiederbringlich einzige waren, wie die Umstände, aus denen eben ein Traum kommen mag."[4] Da Fühmann Rilke häufig als einen der lyrischen Leitsterne seiner Jugend bezeichnet hat und auch in *Vor Feuerschlünden* betont, wie lange und intensiv er sich mit Rilkes Werk beschäftigt habe,[5] darf man wohl vermuten, dass er diese vielzitierten Sätze über Trakl kannte.

Für seine Anfangsbehauptung hätte sich Fühmann außerdem – wieder einmal – auf Sigmund Freud als Gewährsmann berufen können, und er tut dies auch indirekt, wenn er in einer der letzten Zeilen über die gemeinsame „Lüge" von Dichtung und Traum nachdenkt: „[...] nein, ‚Lüge' nicht, es fehlt das präzise Wort. Vielleicht: Widerspruch einer Wunscherfüllung, die ein Gedicht, wie ein Traum, ist und doch auch nicht ist."[6] Die Erkenntnis, dass der Traum eine psychische „Wunscherfüllung" sei, dürfte zwar bereits sehr alt sein, doch auf den wissenschaftlichen Begriff wurde sie von Freud gebracht, der auch schon früh auf Ähnlichkeiten zwischen der Produktionsweise eines Lyrikers und einem bestimmten Teil der Traumarbeit, nämlich der Traumverdichtung, hinwies. Die Worte werden, schrieb er, „vom Traum überhaupt häufig wie Dinge behandelt und erfahren", die durch „Zerlegung und Zusammensetzung der Silben" einer „wahre[n] Silbenchemie"[7] ausgesetzt seien. „Man kann sich vorstellen", heißt es an anderer Stelle, „daß ein gutes Stück der Zwischenarbeit bei der Traumbildung, welche die gesonderten Traumgedanken auf möglichst knappen und einheitlichen Ausdruck im Traume zu reduzieren sucht, auf solche Weise, durch passende sprachliche Umformung der einzelnen Gedanken vor sich geht. Der eine Gedanke, dessen Ausdruck etwa aus anderen Gründen feststeht, wird dabei verteilend und auswählend auf die Ausdrucksmöglichkeiten des anderen einwirken, und dies vielleicht von vorneherein, ähnlich wie bei der Arbeit des Dichters."[8] Während Freud hier nur einen Aspekt des Traumes mit der Tätigkeit des „Reimeschmiedens"[9] vergleicht, setzt er in der später erschienenen Studie *Der Dichter und das Phantasieren* Tagträume und literarische Phantasieprodukte ausdrücklich einander gleich: Hinter jedem von ihnen verberge sich letztlich nichts anderes als „eine Wunscherfüllung, eine Korrektur der unbefriedigenden Wirklichkeit". Zwar gestand er zu, „daß sehr viele dichterische Schöpfungen sich von dem Vorbilde des naiven Tagtraumes weit entfernt halten", vermutete aber, „daß auch die extremsten Abweichungen durch eine lückenlose Reihe von Übergängen mit diesem Modelle in Beziehung gesetzt werden können".[10]

Fühmann ist hier vorsichtiger. Er betont nicht nur die Gemeinsamkeiten zwischen der Lyrik – vor allem der Lyrik der Moderne – und dem Traum, sondern er stellt auch die Differenzen deutlich heraus: „Gedichte sind eine andere Art Träume, doch während ein fremder Traum uns meist langweilt, wiewohl er den Träumer aufgewühlt hat [...], vermag das Gedicht eines Fremden uns so zu bewegen, daß wir, auch wenn es uns dunkel bleibt, es als unser Eigenes empfinden, ja mehr: daß wir durch dieses Gedicht überhaupt erst ein Teil Eigenes gewahren: auch dies ist ein Unseres! oder: aber das *ist* ja das Unsre, wir haben es nur nicht gewußt, äußerstenfalls konnten wir es ahnen!"[11] Zugleich aber setzt Fühmann damit die Gedanken Freuds auch fort. Ebenso wie die Träume, die uns gelegentlich Nachrichten aus unserem Unbewussten zuspielen, steht – so folgert er – die Poesie in einem besonderen Verhältnis zu versteckten Winkeln unserer Seele: Die Begegnung mit großer Lyrik kann also eine zuvor stumme, stumm gehaltene Saite in unserem Inneren zum Schwingen bringen und auf diese Weise zum Anlass für eine überraschende, beunruhigende Selbstverunsicherung werden. Er geht sogar so weit, die literarische Qualität eines Gedichts vor allem nach eben jener Kraft zu bemessen, mit der es unsere Gefühlswelt erschüttert. Gelingt es den Versen, das Unbewusste des Lesers anzusprechen, verdrängte Neigungen, Sehnsüchte oder Beunruhigungen ins Bewusstsein zu holen, wird er den Gründen für diese unerwarteten Empfindungen nachgehen. Das aber wird ihn nicht nur in eine immer innigere Auseinandersetzung mit dem Gedicht treiben, sondern ihn – stellt er sich dieser Aufgabe aufrichtig und entschlossen genug – letztlich mit verborgenen Seiten der eigenen Psyche konfrontieren.

Diese Poetik entfernt sich konsequent von dem traditionellen Literaturverständnis nicht nur des Sozialistischen Realismus: „Unsere Vorstellung vom Dichtungsverstehen ist so stark durch Abbildtheorien geprägt, daß die in unser Poesie-Erleben hineinwirken: Je mehr uns ein Gedicht ergreift, um so dringender versuchen wir ein rationales Nachvollziehen, genauer: ein Auflösen im Nur-Rationalen durch Zurückführen des als Abbild Gefaßten auf das unterstellte Urbild, und das Rationalmachen wäre dann das Benennen von Übereinstimmungen wie Nicht-Übereinstimmungen von Sekundärem und Primärem, und der Grund dafür, und der Konsequenzen daraus. – Wir stellen dazu das Gedicht in die Natur oder in die historische Zeit seines Entstehens, und falls wir dort oder in einem Kunstwerk, das unsern Dichter belegbar beeinflußt hat [...], keine äußere Entsprechung finden, suchen wir sie im Vorsatz des Autors, seinem erschließ- und objektivierbar gewähnten Bewußtsein. Unser Betroffensein lassen wir außer acht, und dabei ist doch gerade es das objektive Kriterium, nach dem wir so verzweifelt suchen, jenes Element, das ein Gedicht über sein rein formal bestimmtes, schon vom bloßen Anblick her erkenn- und diagnostizierbares Dasein als spezifisch poetisches Genre [...] hinaus zum Gedicht als Kunstwerk erhebt [...].“[12]

Fühmann führt als Beleg für diese Thesen nicht mehr und nicht weniger an als eigene lebensverändernde Erfahrungen an: In den letzten Kriegstagen las er während eines Heimaturlaubes Georg Trakls Lyrikband *Sebastian im Traum* – und die wenigen Zeilen des Gedichtes *Untergang* erfassten ihn mit einer noch nie erlebten Macht. Sie forderten nicht, wie Rilkes berühmte Schlusszeile, „Du mußt dein Leben ändern“ – sie änderten es. Sie rührten an dunkle Ahnungen, an lang und mühevoll Verdrängtes und machten ihn so zu einem anderen. Er hatte, obwohl er getreu der deutschen Propaganda weiterhin an den „Endsieg“ glauben wollte, „über diesem Gedicht, für die Ewigkeit eines Moments begriffen, daß der Krieg für uns verloren war“. Mehr noch: Er spürte mit einem Mal Regungen, die den sorgsam gehegten Überzeugungen seiner Jugend widersprachen, die sein Selbst- und Weltbild ins Wanken brachten, ohne dass er wusste, was an ihre Stelle treten konnte. „Es war mir, als ob Trakls Gedicht als ein Ich wider mich zu streiten anhübe und ich sähe, gelähmt von Betroffenheit und dies Gelähmtsein doch schon als Befreitheit genießend, dem Kampf mit traumhafter Gelassenheit zu [...].“[13] Dass Fühmann diesen Kampf zugleich als Gefahr empfunden, aber auch genossen hat, lässt aufhorchen. Sein ambivalenter Gemütszustand ähnelt deutlich jenen Reaktionen, die sich einstellen, wenn Verdrängtes aus dem Unbewussten allmählich ins Bewusstsein eindringt: Freud beschreibt diesen Prozess ebenfalls als einen „Kampf“ zwischen dem „Auftrieb“ des Verdrängten – das nichts so dringend verlange, „als über die ihm gesetzten Grenzen ins Ich und bis zum Bewußtsein vorzudringen“ – und dem vom Ich ausgehenden „Verdrängungswiderstand“,[14] der sich jenem Drang widersetze. In welchem Maße Fühmann durch seine erstaunliche Leseerfahrung erschüttert und aufgerüttelt wurde, lässt sich an einer lapidaren Bemerkung ablesen: Hätte man ihn, so schreibt er, auf dem Weg in die sowjetische Gefangenschaft – also nach der endgültigen Niederlage Deutschlands, nach dem Verlust der Freiheit und angesichts einer höchst ungewissen Zukunft – gefragt, „welches das bestimmende Ereignis meiner letzten Jahre gewesen" sei, so hätte er „ohne Zögern geantwortet: die Bekanntschaft mit Georg Trakls Gedicht".[15]

Es gehört zur Tragik von Fühmanns Leben, dass es ihm nicht vergönnt war, diesen noch recht frühen Irritationen ungestört nachzuspüren. Die historische Situation gab ihm keine Gelegenheit zu Ruhe und Besinnung. In Not und Beschränkung des Arbeitslagers, das ihn im Kaukasus erwartete, wurde die Lyrik Trakls für ihn nicht zur Triebfeder für eine radikale Selbstprüfung, sondern zum Fluchtpunkt außerhalb seiner entbehrungsreichen, von außen bestimmten Wirklichkeit, auf den er sich während seiner allabendlichen Produktion eigener Gedichte wieder und wieder zurückzog. Ein fast schon planmäßig zelebrierter Rückzug aus der Realität, der deutlich genug an das Verhalten des kindlichen Helden in der Erzählung *Mein letzter Flug* erinnert: Als dieser irrtümlich ein Foto vom „FÜHRER" zurückweist und damit aufgebrachtes Protestgeschrei seiner Eltern erregt, versucht er aus der spannungsgeladenen Situation in die Welt seiner Tagträume zu entkommen – und rennt daraufhin buchstäblich in sein Unglück. Im Gegensatz zu dieser Kindheitsgeschichte hebt Fühmann in *Vor Feuerschlünden* allerdings hervor, in welchem Maße eine erste intuitive Erkenntnis oder auch Selbsterkenntnis über große Zeiträume hinweg unbemerkt im Unbewussten fortwirken könne: „Ich habe sie [die eigene Schuld als Nationalsozialist] lange nicht sehen wollen; ich war auf der Flucht vor mir selbst, so war sie ganz innen, und ich suchte nach aller Schuld außer mir. – Ich hungerte und fror ja, wie trug ich da Schuld? – Es war so jämmerlich wie jammervoll. [...] Ich wollte nichts von Auschwitz wahrhaben, ich wollte von einer Schuld nichts hören; ich vergrub mich in Selbstmitleid und Jammer und sagte mir Trakls Verse her, doch sagt man sich denn so ganz ohne Folgen: *Es ist ein Weinberg, verbrannt und schwarz mit Löchern voll Spinnen. / Es ist ein Raum, den sie mit Milch getüncht haben*? – Im Bewußtsein wurden keine Fragen laut, wer denn den Weinberg verbrannt, die Kammer getüncht, die Milch geschändet, aber das heißt doch nicht, daß nichts so fragte. – Was für Spinnen hausten in meinem Herzen? – Ich wollte mich nicht an mein Vergangnes, ich wollte mich an die Gedichte Trakls erinnern, doch wer weiß, was die Erinnerung will? Was sucht sie sich aus, was drängt sie zurück, was prüft sie, was bereitet sie vor? [...] Die Verse, die mir ins Gedächtnis kamen, gaben gewiß meinem Jammer Nahrung, doch sie stachelten auch ein Andres, das gegen mich für mich zu streiten begann. – Ins Bewußtsein drang nichts, doch was beweist das?"[16]

Auch nach der Rückkehr aus dem Kriegsgefangenenlager gab es für Fühmann keine Gelegenheit, behutsam an der beunruhigenden Erfahrung seiner ersten Trakl-Lektüre anzuknüpfen. Detailliert erzählt er, mit welchem demagogischen Geschick die Ausbilder der Antifa-Schule bei Riga den gerade erst überwundenen Nazidünkel ihrer Schüler sofort wieder durch ein neues, starres politisches Wertesystem ersetzten: Sie tauschten die alten Glaubenssätze lediglich gegen andere aus und ließen bei dieser Gehirnwäsche die versteckten faschistischen Prägungen ihrer Schützlinge – die blinde Autoritätshörigkeit und sture Intoleranz, den ideologischen Rigorismus samt Kompromissunfähigkeit – nicht nur unberührt, sondern pflegten und förderten sie, um sie sich zunutze zu machen. Statt ihre Zöglinge zu intellektueller Unabhängigkeit zu führen, also erstmals in ihrem Leben zur Selbstkontrolle anzuhalten, richteten sie deren lange verinnerlichte Sehnsucht nach Leitfiguren kurzerhand auf ein anderes Vorbild, auf Stalin, aus. Zugleich verdammten sie die geringste Abweichung von der vorgegebenen Linie als Häresie, als das Böse schlechthin, als Rückfall in den gerade abgelegten Nationalsozialismus: „Unser endlich gefundener Weg war ja das Andre zu unserm verfluchten Vergangenen", beschreibt Fühmann die simplen Argumentationsmuster, auf die er seinerzeit eingeschworen wurde, „also mußte – und das schien uns schlüssig – alles Andere zu diesem Andern immer nur jenes Alte sein, von dem auch geistig uns zu befreien unser drängendster Wille war. [...] Dieses völlig duale Weltbild (das, überflüssig es zu betonen, die Lehren, auf die es sich berief, in unverdienter Weise verzerrte) war *hierin* ein Kontre-Stück zu der Weltsicht, die ehedem unser Denken beherrschte, doch es gab sich als der völlige Bruch mit dem Alten, und der einzig mögliche Bruch noch dazu [...]. Die Bruchstellen traten schroff hervor; Kontinua blieben lange unbemerkt, sie schienen das Undenkbare schlechthin, doch Kontinuität liegt ja schon in der Person: Der sich da wandelt, bleibt auch er selbst [...].“[17]

Fühmann lässt keinen Zweifel daran, dass er und seine Kameraden nach der jahrelangen nationalsozialistischen Indoktrination eine gründliche Umerziehung nötig hatten. Doch der Lehrplan der Antifa-Schule wurde ausschließlich von politischen Begriffen bestimmt und verengte so den Blickwinkel der Schüler auf ihre eigene Jugend, anstatt ihn zu erweitern. Sie wurden nicht dazu angehalten, im Einzelnen mit ihren Erlebnissen der zurückliegenden Jahre ins Gericht zu gehen, sondern sie pauschal nach ideologischen Kriterien abzuurteilen. Hatten sie den endgültigen Bruch mit der Vergangenheit erst einmal vollzogen, fragte niemand mehr nach möglichen unbewussten Verhaltensmustern, die sie aus ihrer martialischen Kindheit mitbrachten: So wurde das Ausmaß der Verdrängungen eher noch vergrößert als verringert, weshalb sich die psychischen Spannungen für die ehemaligen Hitlersoldaten gelegentlich bis zum Unerträglichen steigerten: „War der Sprung einmal getan, und das hieß: war die Einsicht in die Verwerflichkeit dessen gegeben, was da verkürzt ‚das Alte‘ hieß, war keine Entwicklung mehr möglich denn der, dies ‚Alte‘, soweit es unvermittelt sich zeigte, konsequent in der eigenen Sphäre zu tilgen, und die letzte Konsequenz galt dem eigenen Leib. Ich sehe meinen Pritschennachbarn zur Früh am Latrinenbalken hängen, ein Schild um den Hals: ICH WAR EIN KRIEGSVERBRECHER […].“[18]

Wie lange Fühmann im Bann dieser totalitären Denkstrukturen stand, lässt sich an seiner Lyrik und Prosa der fünfziger und sechziger Jahre ablesen. Wie umfassend er sich dann aber durch seine literarische Erinnerungsarbeit von diesen Scheuklappen befreit hat, macht die leidenschaftliche Genauigkeit deutlich, mit der er seine naive Glaubensbereitschaft nun selbst analysierte. Zu dieser Befreiung trugen die Gedichte Georg Trakls auf eine zunächst paradox erscheinende Weise bei: Dessen Werk sprach allen Dogmen des Sozialistischen Realismus Hohn und wurde folglich von den Dozenten der Antifa-Schule – und später auch von den Kulturfunktionären der DDR – strikt abgelehnt, ja als herausragendes Beispiel dekadenter Literatur verurteilt. Ohne kritische Distanz übernahm Fühmann üblicherweise die Grundsätze seiner Lehrer – doch diesem Verdikt vermochte er nicht zu folgen. Er war nach wie vor von Trakls Lyrik besessen. Auch wenn er in den ersten Nachkriegsjahren gehorsam allen Anweisungen seiner Partei folgte, Trakls Verse und Bilder hatten sich in sein Bewusstsein eingegraben und ließen ihn nicht mehr frei. Lange Zeit versuchte er sie insgeheim auszunehmen von der vulgärmarxistischen Literaturbetrachtung, auf die man ihn eingeschworen hatte. Er las sie wie ein Süchtiger in „einer traumhaften Entrückung“,[19] ohne den Ursachen für ihre Ausstrahlungskraft nachzuspüren, er genoss das „süße, uneingestandene Trotzdem eines Gefallenfindens an etwas, das mir zu mißfallen hatte“.[20]

Doch gehörte Fühmann zu den Menschen, die mit solchen permanenten Unaufrichtigkeiten auf Dauer nicht leben können. Der Widerspruch zwischen seinem intuitiven Enthusiasmus für Trakls Gedichte und der gläubig akzeptierten Ideologie wurde für ihn mit der Zeit immer unerträglicher. Ein Widerspruch, der paradigmatisch war für eine Fülle von notdürftig unterdrückten Bedenken, die Fühmann immer wieder verspürte, sobald er die Realität der DDR an ihren Idealen zu messen wagte: „Kritisch mit meiner Vergangenheit beschäftigt, nahm ich kaum wahr, wie ich meiner Gegenwart auswich, was durchaus keine notwendige Folge eines Befassens mit dem Gestern sein mußte –: Ich projizierte eine verheißene Zukunft auf mein Alltagsbewußtsein und begriff dies als Heute: Glück der Ferne leuchtend nah! Und zugleich begann ich zu trinken und schrieb nachts dann Fragen ins Tagebuch, die ich am Morgen beschämt wieder löschte, da ich sie als Keime von Zweifeln empfand, Unglauben an die Kraft der neuen Gesellschaft, als das wahrhaft Neue auch der Erfüller der Ideale zu sein, die ins Leben zu bringen sie verheißen, in deren Namen sie Opfer verlangte und die sie um so eifernder als schon erfüllt dekretierte, je krasser der Alltag ihnen widersprach: Die *wahre* Erfüllung war schon gegeben, und wenn die Wirklichkeit sich mit ihr nicht deckte, widerspiegelte, wer diesen Kontrast konstatierte, nicht die Wirklichkeit, sondern falsches Bewußtsein: Er sah das ‚Wahre' nicht als ‚wahrhaft', sondern nur als nicht wirklich, und so sahen es ja auch die Feinde des Neuen. – Es war kompliziert, und doch ‚ganz einfach', auch eine Lieblingswendung jener Zeit. – Die wahre Realität lag demnach in der Zukunft; sie ins Heute zu melden wurde Auftrag der Dichter [...].“[21]

Fühmann wollte sich jede Skepsis gegenüber dem realen Sozialismus verbieten, doch so konsequent er auch die Augen vor der Wirklichkeit schloss, zumindest die Erinnerung an Trakls Lyrik konnte er nicht aus dem Gedächtnis löschen. Immer wieder zogen die Gedichte ihn mit ungebrochener Kraft an und trieben ihn damit in Opposition zu der staatlich verordneten Literaturtheorie. Der Konflikt zwischen Dichtung und Doktrin war unausweichlich und verwandelte sein literarisches Gewissen in einen Kampfplatz.

Um den Konflikt in einem Kraftakt zu entscheiden, nahm Fühmann sogar Anlauf, seine Trakl-Bücher zu verbrennen. Es war – wie er es selbst nannte – ein verzweifelter „Selbstgewinnungsversuch.“[22] Er bemühte sich, endgültig aus seinem Leben zu verbannen, was im Widerspruch zu seinem ideologischen Glaubensbekenntnis stand, um so ein ausgeglichenes, in sich ruhendes Bewusstsein zu gewinnen. Aber das Unternehmen misslang, nicht zuletzt weil er sich zu gut daran erinnerte, dass es Trakls Gedichte waren, die zuerst seinen nationalsozialistischen „Wahn erschüttert[en], daß den deutschen Waffen der Endsieg gehöre“.[23] Sein innerer Zwiespalt lebte also fort, stellte ihm den lang verleugneten Dissens mit der sozialistischen Obrigkeit immer deutlicher vor Augen und führte ihn schließlich bis an den Rand der Selbstzerstörung.

Kurz nach der entscheidenden Krise von 1968 war es dann wiederum die Lyrik Trakls, die ihm Gelegenheit gab, einen ersten Schritt in Richtung einer zunächst nur poetologischen, aber bald auch politischen Emanzipation zu tun: Fühmann sollte für den Reclam Verlag in Leipzig eine kleine Auswahl aus dem Werk des Dichters zusammenstellen und gab sich zunächst alle Mühe, keine Gedichte in den Band aufzunehmen, die bei den Kulturfunktionären seines Landes Anstoß erregen könnten. Zudem versuchte er sogar mit allerlei interpretatorischen Winkelzügen die Texte „auf eine Linie zur sozialistischen Literatur hin zu bringen“.[24] Doch nach langem Zögern nahm er auch einige der „dekadenten“ Gedichte in seine Auswahl auf und verzichtete auf verharmlosende ideologische Deutungen. Sicher, das war kein bedeutender Einspruch gegen die staatliche Kulturpolitik, ja es wurde vorerst noch nicht einmal ein öffentlicher, denn der geplante Trakl-Band durfte – ebendieser Zusammenstellung wegen – erst Jahre später gedruckt werden. Aber der schwer erkämpfte Entschluss eröffnete Fühmann einen anderen, ungeahnten Zugang zu Trakls Lyrik: „Erst da, in der völligen Hingabe, da ich nicht mehr las, um so zu verstehen, wie ich ein Verständnis bislang verstanden: als Vermittlung zu etwas schon Festgelegtem, das ein Gedicht nur bestätigen solle –, erst als ich ohne Voraussetzung las außer der, Trakl für mich zu haben, verstand ich ihn, da ich ihn wieder erfuhr. […] nun las ich wieder mit jenem Schauer des Begreifens der eigenen Sache, des Erfahrens: Tua res agitur. […] Ein jäher Riß; etwas Neues begann. – Plötzlich verstand ich Trakls Sprache; plötzlich verstand ich Trakls Bilder, und plötzlich verstand ich den nicht mehr, der ich soeben noch gewesen: *Dämmerung und Verfall*; was war da verfallen; was dämmerte hinab, und was herauf?"[25]

Endlich, nachdem sich Fühmann von der lange geduldeten politischen Bevormundung frei gemacht hat, konnte er die Schwermut, die Verzweiflung und Todessehnsucht in Trakls Versen bewusst akzeptieren. Mehr noch: Er erkannte, dass es gerade die poetischen Beschwörungsformeln von Dämmerung und Verfall waren, die ihn zeitlebens an diesen Gedichten so faszinierten – und er begriff diese Faszination als einen Hinweis auf verdrängte Bewusstseinsanteile. Wie sonst nur durch Träume meldete sich in seinem Enthusiasmus für diese Lyrik ein unterdrückter Zug seiner selbst zu Wort. Er konnte sich nicht von diesen Gedichten lösen, weil sie an versteckte Bereiche seiner Seele rührten, weil sie – ohne dass ihm das zuvor klar gewesen war – von ihm sprachen: Tua res agitur. Mit dieser Einsicht aber gewann er auch zum ersten Mal die Kraft, sich zu jenen Empfindungen zu bekennen, die bereits aus seinen ersten, noch weitgehend naiv geschriebenen Gedichten spricht: Melancholie und Untergangserwartung, Verlorenheit und Trauer: „Die Götter haben die Sterne aus den alten Bahnen gerissen, / und aus den Löchern im Firmament fällt schneeweiß der Tod. / Meine Sehnsucht bäumt sich noch einmal auf und loht, / dann umfängt auch sie der Tod mit kalten und weißen Küssen"; – „Nächtlicher nie noch die Nacht. / Banger noch keine Stunde. / Eine blutende Wunde / wird unser kleines Herz."[26]

Hier nun schließt sich der Kreis: Fühmann lebte von Jugend an unter dem Regime diktatorischer Staaten, die in der Literatur wie im Leben größten Wert legten auf Begriffe wie Gesundheit, Optimismus, Heldentum oder Sauberkeit. Zu blinder Autoritätshörigkeit erzogen, unterwarf er sich fraglos diesen Idealen und schob alle melancholischen Anwandlungen beiseite. Schwächen zu zeigen, Unbehagen oder Entmutigung, galt ihm als Charakterfehler, ob er nun im nationalsozialistischen oder realsozialistischen Deutschland lebte. Stattdessen verschrieb er sich – zumindest bewusst – einem Kult der Stärke und des Aufbaus, der Selbstverleugnung und des grenzenlosen Fortschritts. „Wie das Feuer schmecke und rieche und brenne", schreibt Fühmann in einer bezeichnenden Kindheitserinnerung, „trat mir voll in die Sinne der Einbildungskraft, als ich mich darauf vorbereitete, durch das Feuer zu springen, Mutprobe am Lagerfeuer [...]. Ich wußte, daß man diesen Sprung, bei dem schon mancher verunglückt sein sollte, morgen nacht von mir fordern werde, bei der Aufnahme in den Sudetendeutschen Turnverein, und ich fürchtete bis zum letzten Moment, über eine Wurzel zu stolpern und der Länge nach in die Glut zu schlagen, aber ich hatte schon gelernt, daß es deutsch war, sich selbst zu überwinden, seine Angst, alles das, was man den ‚inneren Schweinehund' nannte, und so sprang ich gleich den Kameraden durchs Feuer und fühlte mich von den Flammen geweiht. Ich war nun kein Mensch mehr wie irgendein andrer [...], ich war ein Deutscher, der durch das Feuer gesprungen, und ich fühlte ein tiefes Recht, diese anderen verachten und gegebenenfalls auch zertreten zu dürfen."[27]

Sicherlich lässt sich durch solche frühen Erfahrungen, die in der Antifa-Schule auf fatale Weise bestätigt und bestärkt wurden, nicht vollständig erklären, weshalb Fühmann tatsächlich seine gesellschaftlich unerwünschten Seelenregungen so lange und konsequent zurückdrängte. Wohl aber darf man annehmen, dass die politischen Gegebenheiten diese Bereitschaft unterstützten, wenn nicht gar auslösten. Erst nach jahrzehntelanger Trauerarbeit mit schriftstellerischen Mitteln konnte er sich allmählich Klarheit über den ausgegrenzten Bereich der eigenen Persönlichkeit verschaffen. Das Buch *Vor Feuerschlünden* – und darin darf man wohl eine Quelle seiner besonderen Ausstrahlungskraft sehen – erzählt, wie er jenen unbekannten, unbewussten Teil seiner selbst, ausgelöst durch

Literatur und mit Hilfe von Literatur, wiedergewinnt. Der Leser hat teil an einem lange Zeit aussichtslos erscheinenden, oft qualvollen, aber letztlich doch erfolgreichen „Selbstgewinnungsversuch“, der sich – angetrieben von der hartnäckigen, unerschütterlichen Leidenschaft für Trakls Lyrik – schließlich gegen scheinbar übermächtige soziale und ideologische Widerstände durchsetzt.

Zudem vermochte sich Fühmann jetzt endlich einzugestehen, dass sein Werdegang, seine Wandlung kein endgültiger, unumkehrbarer Prozess sein konnte. Statt die Prägungen seiner Jugendjahre weiterhin streng nach moralischen Gesichtspunkten unterscheiden zu wollen, begriff er nunmehr ihre ambivalente Natur: dass sie ihn nicht nur zum fanatischen Hitler- oder Stalin-Anhänger hatten werden lassen, sondern ihn ebenso zu dem fanatisch nach der Wahrheit suchenden Schriftsteller machten, der er war. Sein steter Drang nach Läuterung hatte ihn keineswegs zu einem gänzlich anderen verwandelt, er verlieh den gleichen Anlagen lediglich ein anderes Gesicht. Kein unwiderruflicher Fortschritt trennte ihn vom Rückfall in vergangene Fehler, von der Regression in die überwunden geglaubte ideologische Engstirnigkeit, sondern allein seine kritisch durchlebten Erfahrungen, seine ständig wache Selbstkontrolle: „[...] es war die Erkenntnis des eigenen Geheimnisses, das in jedermanns Kindheit begraben ruht. [...] Geheimnis bleibt Geheimnis, auch jedem das eigne, und in seinem dunkel aufglühenden Licht heißt Anderswerden: Unvereinbares so sich vereinend, daß es als Person unteilbar ist. [...] Ich hatte das Werden eines Menschen bislang als ein Nacheinander, wenn auch in seiner Entfaltung, gesehen; nun [...] begriff ich, daß dies Werden auch ein Zugleich ist: Du verlierst nichts von dem, was du einmal warst, und bist gewesen, was du einst wirst.“[28]

Franz Fühmanns *Vor Feuerschlünden* ist mehr als eine Confessio, mehr als das radikale Bekenntnisbuch eines Dichters über den langen und schweren Weg zu sich selbst. Es ist zugleich das Fazit, die triumphale Bilanz seines Kampfes um Wandlung, die ihm nicht nur als Schriftsteller, sondern auch als Mensch neue Möglichkeiten eröffnete. Wie vielleicht kein anderer deutschsprachiger Autor seiner Generation hat er Trauerarbeit an der eigenen Vergangenheit und der seines Landes geleistet. Er ist darüber sowohl zu einem weithin respektierten, unverwechselbaren Erzähler und Essayisten geworden als auch zu einem selbstbewussten, aufgeklärten Sozialisten.

„Um die Seele eines Dichters zu durchschauen", so hatte Fühmann von Baudelaire gelernt, „muß man in seinem Werk diejenigen Worte aufsuchen, die am häufigsten vorkommen. Das Wort verrät, wovon er besessen ist."[29] In ihrer Trauerrede zur Beerdigung Fühmanns zählte Christa Wolf deshalb die Worte auf, die sie für seine wesentlichen hielt: „Es sind dies: Wandlung. Wahrheit. Wahrhaftigkeit. Ernst. Würde. Sie alle stehen, wie selbstverständlich in einem Werk, das von einem zentralen Widerspruch her geschaffen ist, zueinander in Beziehung; ihre Antriebskraft, ihre Richtung und ihren Inhalt aber bekommen sie von dem Wort Wandlung, das Thema, in das Fühmann sich ‚eingeschmolzen' weiß: seinem unausgesetzten, inständigen Versuch, sich wandelnd und den Prozeß dieser Wandlung beschreibend, sich dem Verhängnis zu stellen, ein Generationsgenosse und, bis zu einem gewissen Grad (so schränke ich ein, nicht er!), Teilhaber jenes mörderischen Wahndenkens gewesen zu sein, das Auschwitz hervorbrachte."[30]

Anmerkungen

Ausgangspunkte: Eine Kindheit in Böhmen

1 Josef-Hermann Sauter: „Interview mit Franz Fühmann". In: Weimarer Beiträge, Heft 1/1971. S. 41
2 Franz Fühmann: „Reisebilder". In: Trajekt 5. Franz Fühmann zum 50. Geburtstag. Rostock 1972. S. 33 und 35 f.
3 Ebenda S. 35
4 Ebenda S. 42
5 Franz Fühmann: „Vor Feuerschlünden. Erfahrung mit Georg Trakls Gedicht". Rostock 2000. S. 248
6 Franz Fühmann: „Die Richtung der Märchen". Berlin 1962. S. 148
7 Franz Fühmann: „Das Judenauto. Kabelkran und Blauer Peter. Zweiundzwanzig Tage oder Die Hälfte des Lebens". Rostock 1979. S. 489
8 Franz Fühmann: „Die Schatten". Hamburg 1986. S. 110 f.
9 Fühmann: „Das Judenauto ..." A.a.O. S. 398
10 Gunnar Decker: „Franz Fühmann". Eine Biografie. Rostock 2009. S. 43
11 Franz Fühmann: „Den Katzenartigen wollten wir verbrennen". Hamburg 1983. S. 172
12 Fühmann: „Die Schatten". A.a.O. S. 109
13 Ebenda S. 113 f.
14 Ebenda S. 116
15 Franz Fühmann: „Essays. Gespräche. Aufsätze 1964–1981". Rostock 1983. S. 419
16 Fühmann: „Den Katzenartigen ..." A.a.O. S. 366
17 Fühmann: „Das Judenauto ..." A.a.O. S. 9
18 Ebenda S. 172

Die Lyrik: Von den Nachteilen der Naivität

1 Fühmann: „Die Schatten“. A.a.O. S. 167 f.
2 Christa Wolf/Franz Fühmann: „Monsieur – wir finden uns wieder“. Berlin 1995. S. 145
3 „Jugendliches Trio“. Gedichte junger Menschen. Hamburg 1942. S. 13
4 Josef-Hermann Sauter: „Interview mit Franz Fühmann“. A.a.O. S. 33/35
5 Franz Fühmann: „Die Nelke Nikos“. Berlin 1953. S. 5 f.
6 Fühmann: „Die Richtung der Märchen“. A.a.O. S. 148 f.
7 Ebenda S. 125
8 Fühmann: „Die Nelke Nikos“. A.a.O. S. 17
9 Fühmann: „Die Richtung der Märchen“. A.a.O. S. 149
10 Ebenda S. 152
11 Ebenda S. 142 f.
12 Marcel Reich-Ranicki: „Deutsche Literatur in West und Ost“. München 1963. S.425 f.
13 Fühmann: „Das Judenauto ...“ A.a.O. S. 467 f.
14 Fühmann: „Den Katzenartigen ...“ A.a.O. S. 356–358
15 Fühmann: „Die Richtung der Märchen“. A.a.O. S. 168–170
16 Franz Fühmann: „Gedichte und Nachdichtungen“. Rostock 1978. S. 14

Frühe Prosa: Die Vergangenheit in Schwarz-Weiß

1 Peter Demetz: „Auf der Suche nach sich selbst. Der schwere Weg des Franz Fühmann“. In: DIE ZEIT vom 17. September 1976
2 Franz Fühmann: „Erzählungen 1955–1975“. Rostock 1977. S. 9
3 Ebenda S. 13
4 Ebenda S. 16
5 Ebenda S. 21
6 Ebenda S. 27

7 Ebenda S. 28
8 Ebenda S. 34
9 Ebenda S. 43. Das Goethe-Zitat stammt aus der Schülerszene des *Faust* und lautet: „Vernunft wird Unsinn, Wohltat Plage".
10 Ebenda S. 43 f.
11 Ebenda S. 45 f.
12 Ebenda S. 48
13 Fühmann: „Essays ..." A.a.O S. 419
14 Fühmann: „Erzählungen ..." A.a.O. S. 59–63
15 Fühmann: „Das Judenauto ..." A.a.O. S. 517 f.
16 Fühmann: „Essays ..." A.a.O. S. 9 f.
17 Erich Loest: „Bruder Franz". Paderborn/München/Wien/Zürich 1986. S. 38
18 Fühmann: „Das Judenauto ..." A.a.O. S. 13 f.
19 Ebenda S. 17
20 Ebenda S. 517
21 Fühmann: „Erzählungen ..." A.a.O. S. 296
22 Ebenda S. 294
23 Ebenda S. 358
24 Fühmann: „Den Katzenartigen ..." A.a.O. S. 359
25 Ebenda S. 363

Späte Prosa: Wandlung ohne Ende

1 Franz Fühmann: „Die Briefe". Band 2. Briefwechsel mit Ingrid Prignitz. Hrsg. von Kirsten Thietz. Rostock 2017. S. 140
2 Fühmann: „Erzählungen ..." A.a.O. S. 392
3 Ebenda S. 393
4 Ebenda S. 443/446
5 Ebenda S. 459 f.
6 Ebenda S. 398
7 Ebenda
8 Ebenda S. 401 f.
9 Ebenda S. 404

10 Sigmund Freud: „Studienausgabe“. Band 9. Frankfurt am Main 1982. S. 255
11 Fühmann: „Erzählungen ...“. A.a.O. S. 406
12 Alexander und Margarete Mitscherlich: „Die Unfähigkeit zu trauern“. München 1967. S. 63
13 Fühmann: „Das Judenauto ...“ A.a.O. S. 384 f.
14 Fühmann: „Erzählungen ...“ A.a.O. S. 445
15 Freud: „Studienausgabe“. Band 3. A.a.O. S. 315
16 Fühmann: „Erzählungen ...“ A.a.O. S. 397
17 Fühmann: „Essays ...“ A.a.O. S. 419
18 Fühmann: „Den Katzenartigen ...“ A.a.O. S. 363
19 Fühmann: „Das Judenauto ...“ A.a.O. S. 473
20 Ebenda S. 474, 476 und 477
21 Fühmann: „Essays ...“ A.a.O. S. 418 und 417
22 Alexander und Margarete Mitscherlich: „Die Unfähigkeit zu trauern“ A.a.O. S. 24/64/82 f.
23 Fühmann: „Des Katzenartigen ...“ A.a.O. S. 363 f.
24 Freud: „Studienausgabe“. Ergänzungsband. A.a.O. S. 215
25 Malte Herwig: „Die Flakhelfer. Wie aus Hitlers jüngsten Parteimitgliedern Deutschlands führende Demokraten wurden“. München 2013. S. 16
26 Christa Wolf: „Die Dimension des Autors“. Essays und Aufsätze, Reden und Gespräche 1959–1985. Darmstadt und Neuwied 1987. S. 50 f.
27 Fühmann: „Essays ...“ A.a.O. S. 75
28 Franz Fühmann: „Briefe 1950–1984“. Rostock 1994. S. 239
29 Ebenda S. 489 f.
30 Sigmund Freud: „Trauer und Melancholie“. Herausgegeben von Franz Fühmann und Dietrich Simon. Berlin 1982
31 Fühmann: „Erzählungen ...“ A.a.O. S. 513
32 Ebenda S. 522
33 Franz Fühmann: „SAIÄNS-FIKTSCHEN“. Rostock 1981. S. 5
34 Ebenda S. 52
35 Ebenda S. 7

Mythische Stoffe: Abschied vom Märchen

1 Fühmann: „Das Judenauto ...“ A.a.O. S. 486–488
2 Ebenda S. 162
3 Ebenda S. 371
4 Ebenda S. 491
5 Fühmann: „Essays ...“ A.a.O. S. 124
6 C. G. Jung/Karl Kerényi: „Einführung in das Wesen der Mythologie“. Hildesheim 1982. S. 145
7 Fühmann: „Essays ...“ A.a.O. S. 104
8 Ebenda S. 123
9 Ebenda S. 96
10 Fühmann: „Den Katzenartigen ...“ A.a.O. S. 373
11 Fühmann: „Die Schatten“. A.a.O. S. 86
12 Hans Blumenberg: „Arbeit am Mythos“. Frankfurt am Main 1979. S. 688

Vor Feuerschlünden: Triumph und Tod

1 Fühmann: „Der Katzenartigen ...“ A.a.O. S. 341 und 344
2 Fühmann: „Das Judenauto ...“ A.a.O. S. 370
3 Fühmann: „Vor Feuerschlünden“. A.a.O. S. 18
4 Brief an Ludwig von Ficker vom 15. Februar 1915. In: Rainer Maria Rilke: „Briefe aus den Jahren 1914 bis 1921“. Herausgegeben von Ruth Sieber-Rilke. Leipzig 1937. S. 36
5 Vgl.: Franz Fühmann: „Samuels Erscheinung vor Saul“. In: Insel Almanach auf das Jahr 1977. Rainer Maria Rilke 1875 bis 1975. Frankfurt am Main 1976. S. 26–28. Und: Fühmann: „Vor Feuerschlünden“. A.a.O. S. 43 und 228 f.
6 Fühmann: „Vor Feuerschlünden“. A.a.O. S. 251 f.
7 Freud: „Studienausgabe“. Band 2. A.a.O. S. 297 f.
8 Ebenda S. 336
9 Sigmund Freud: „Über den Traum“. In: Sigmund Freud: „Gesammelte Werke“. Band 2/3. Frankfurt am Main 1960. S. 663

10 Sigmund Freud: „Studienausgabe". Band 10. A.a.O. S. 174/177
11 Fühmann: „Vor Feuerschlünden". A.a.O. S. 101
12 Ebenda S. 99 f.
13 Ebenda S. 28
14 Sigmund Freud: „Studienausgabe". Ergänzungsband. A.a.O. S. 417
15 Fühmann: „Vor Feuerschlünden". A.a.O. S. 33
16 Ebenda S. 44 f.
17 Ebenda S. 57
18 Ebenda
19 Ebenda S. 88
20 Ebenda S. 86
21 Ebenda S. 109
22 Ebenda S. 121
23 Ebenda S. 117
24 Ebenda S. 223
25 Ebenda S. 225
26 „Jugendliches Trio". Gedichte junger Menschen. A.a.O. S. 13 f.
27 Fühmann: „Den Katzenartigen …" A.a.O. S. 178
28 Fühmann: „Vor Feuerschlünden" A.a.O. S. 247
29 Ebenda S. 76
30 Christa Wolf/Franz Fühmann: „Monsieur – wir finden uns wieder. Briefe 1968–1984". Berlin 1995. S. 142 f.

Zeittafel

1922 15. Januar, Franz Fühmann wird in der böhmischen Kleinstadt Rochlitz an der Iser, heute Rokytnice nad Jizerou, geboren.

1932 Fühmanns Vater schickt ihn als Gymnasiast ins Internat des Jesuitenkonvikts Kalksburg bei Wien. Hier erlebt er 1934 die Auswirkungen des Februaraufstandes der österreichischen Sozialdemokraten gegen die Diktatur von Engelbert Dollfuß.

1936 Fühmann kehrt nach dem Weihnachtsurlaub 1935 nicht nach Kalksburg zurück, sondern besucht jetzt das Reform-Realgymnasium in Reichenberg, heute Liberec. Er tritt dem *Deutschen Turnverein* bei, einer Jugendorganisation der nazinahen Sudentendeutschen Partei.

1938 In Reichenberg erlebt Fühmann nach dem „Münchner Abkommen“ den Einmarsch deutscher Truppen in das Sudetengebiet. Er tritt in den Reitersturm der SA ein.

1939 Wegen schlechter schulischer Leistungen wechselt Fühmann auf das Privatgymnasium in Hohenelbe, heute Vrchlabí.

1941 Fühmann verlässt die Schule nach einem Kriegsabitur. Ab Februar Reichsarbeitsdienst (RAD) an der Grenze zu Litauen. Teilnahme am Angriff auf die Sowjetunion zunächst im RAD, später als Soldat der Wehrmacht. Ausbildung zum Nachrichtensoldat, eingesetzt in den folgenden Jahren in der Ukraine und in Griechenland.

1942 Frühe Gedichte Fühmanns werden in einem Band des Hamburger Ellermann Verlags veröffentlicht – zusammen mit den Gedichten eines anderen Autors und einer Autorin unter dem Titel *Jugendliches Trio*.

1945 Nach einer Verwundung und längerem Lazarettaufenthalt fällt Fühmann in einem Karlsbader Antiquariat der

Lyrikband *Sebastian im Traum* von Georg Trakl in die Hände. Kurzer Heimaturlaub. Anfang Mai gerät er in den böhmischen Wäldern in sowjetische Kriegsgefangenschaft und wird in das Arbeitslager Neftegorsk bei Krasnodar im Kaukasus gebracht.

1947 Ab Februar besucht Fühmann die Antifa-Schule in Ogre bei Riga. Nach einem halbjährigen Lehrgang, den er mit glänzenden Beurteilungen absolviert, wird er in der Schule als Lehrassistent eingesetzt.

1949 Fühmann wird zum Ende des Jahres in die DDR entlassen. Er tritt in die NDPD ein und avanciert in den folgenden Jahren zum Leiter der kulturpolitischen Arbeit der Partei.

1950 Heirat mit Ursula Böhm.

1952 Die Tochter Barbara wird geboren.

1953 Fühmanns erste Lyrikbände *Die Nelke Nikos* und *Die Fahrt nach Stalingrad* erscheinen.

1955 Die erste umfangreichere Prosaarbeit wird veröffentlicht: die Novelle *Kameraden*.

1956 Für *Kameraden* erhält Fühmann den Heinrich-Mann-Preis der Akademie der Künste und im Jahr darauf den Nationalpreis der DDR (III. Klasse).

1958 Entlassung aus allen Parteiämtern. Fühmann wird freier Schriftsteller.

1959 Die Zusammenarbeit mit dem Rostocker Hinstorff Verlag beginnt. Im Spätsommer fängt er auf der Warnow-Werft in Warnemünde als Schweißer zu arbeiten an und schreibt später seine lange Reportage *Kabelkran und Blauer Peter* (veröffentlicht 1961).

1961 In seiner Antwort auf einen Offenen Brief von Günter Grass und Wolfdietrich Schnurre begrüßt Fühmann als Vorstandsmitglied des Schriftstellerverbands der DDR den Bau der Berliner Mauer. Erste Reise nach Ungarn.

1962 Fühmann wird Mitglied der Akademie der Künste der DDR. Er veröffentlicht als erste intensive literarische Erforschung seiner Kindheit und Jugend den Episodenzyklus *Das Judenauto.*

1963 Die Erzählung *Barlach in Güstrow* erscheint – zunächst noch unter dem Titel *Das schlimme Jahr*. Fühmann erhält der Johannes R. Becher-Preis für deutsche Lyrik.

1966 Nach dem 11. Plenum des ZK der SED im Dezember 1965, das zu zahlreichen kulturpolitischen Verdikten und Verboten führt, tritt Fühmann am 10. Januar aus dem Vorstand des Schriftstellerverbandes der DDR aus. Im Sommer reist er erstmals wieder in seinen Heimatort Rochlitz an der Iser, mittlerweile Rokytnice nad Jizerou.

1968 Im August Einmarsch der Truppen des Warschauer Pakts in die Tschechoslowakei, militärische Beendigung des „Prager Frühlings". Im November beginnt Fühmann einen Alkoholentzug in der Universitätsklinik Rostock.

1970 Der Erzählungs-Zyklus *Der Jongleur im Kino oder Die Insel der Träume* über eine Kindheit in Böhmen erscheint.

1972 Austritt aus der NDPD.

1973 Fühmann publiziert das Reisetagebuch *Zweiundzwanzig Tage oder Die Hälfte des Lebens.*

1975 Kurt Batt, Lektor im Hinstoff Verlag, mit dem Fühmann eine enge Zusammenarbeit und Freundschaft verband, stirbt an einem Herzinfarkt.

1976 Fühmann gehört zu den zwölf Erstunterzeichnern des Offenen Briefs, der gegen die Ausbürgerung Wolf Biermanns protestiert und die SED darum bittet, die Maßnahme zu überdenken.

1977 Fühmann erhält den Deutschen Kritikerpreis für Literatur in West-Berlin. Zu Vorarbeiten für den Trakl-Essay *Vor Feuerschlünden* reist er nach Salzburg. Der Hinstorff Verlag publiziert den ersten Band der achtbändigen Fühmann-Werkausgabe: *Erzählungen 1955–1975.*

1981 Die dystopischen Erzählungen *SAIÄNS-FIKTSCHEN* erscheinen in der DDR.

1982 Fühmanns großer autobiographisch-poetologischer Trakl-Essay erscheint in der Bundesrepublik unter dem Titel *Der Sturz des Engels* und in der DDR unter dem vom Autor intendierten Titel *Vor Feuerschlünden*. Noch im gleichen Jahr erhält Fühmann für das Buch den Preis der SWF-Bestenliste und den Münchner Geschwister-Scholl-Preis.

1983 Seine schwere Krebserkrankung zwingt Fühmann zum Abbruch seines *Bergwerk*-Projekts.

1984 Franz Fühmann stirbt am 8. Juli in der Berliner Charité.

DER AUTOR

Uwe Wittstock wurde 1955 in Leipzig geboren, wuchs in Bonn und in Köln auf. Nach dem Studium arbeitete er als Redakteur der *Frankfurter Allgemeinen Zeitung* in der Literaturredaktion von Marcel Reich-Ranicki. Von 1989 bis 1999 war er als verantwortlicher Lektor für deutschsprachige Literatur im *S. Fischer Verlag* tätig und parallel dazu Mitherausgeber der Literaturzeitschrift *Neue Rundschau*, ehe er 2000 als Redakteur zur Tageszeitung *Die Welt* und 2010 als Literaturredakteur zum Magazin *Focus* ging. Seit 2018 ist Uwe Wittstock, der mit dem Theodor-Wolff-Preis für Journalismus ausgezeichnet wurde, freier Schriftsteller. Er hat zahlreiche Bücher geschrieben, u.a. die Biografie *Marcel Reich-Ranicki* (2020) sowie den Tatsachenroman über die ersten Wochen unter Hitlers Herrschaft aus der Perspektive deutscher Schriftsteller: *Februar 33. Der Winter der Literatur* (2021).

Bei Hinstorff bereits lieferbar

Alles kommt aus dem Nichts und geht ins Nichts, und was dazwischen ist, das sind wir, die wir uns Briefe schreiben.

Franz Fühmann an Kurt Batt, 9. Juli 1972

In Märkisch ist auch schon keine Ruhe mehr, man rennt mir das Haus ein, zuletzt kam ein fröhlicher Himmelfahrtsvatertagstrupp West, auf der Fahrt in den Spreewald, wollte mal den „berühmten Dissidenten" sehen, hab sie mit Birkenknüppeln weggejagt. Dann kam ein dichtender Linkskatholik, dann eine schmachtende Dame. Uff –

Franz Fühmann an Ingrid Prignitz, 24. Mai 1982

... zum Zirkusdirektor gratuliere ich Dir schön! Es gibt auch bei uns Erwachsenen verschiedene große Zirkusse, einer davon heißt Schriftstellerverband. Vielleicht wirst Du da auch mal Direktor, wenn Du erwachsen bist, wer weiß. Es gibt da drin auch alles mögliche: Pferde, Esel, vielleicht auch hie und da einen Löwen, auch Mikey-Mäuse und Trampeltiere und Spatzen und Elefanten, na und was Du so willst. Ich selbst würde mich für ein Kamel halten. Ich arbeite blödsinnig viel und bin ausdauernd, komme mit wenig Nahrung aus und lasse mich leicht an der Nase herumführen.

Franz Fühmann an Joachim Damm, 1975

978-3-356-01914-8

978-3-356-02042-7

978-3-356-02168-4

Mein letzter Flug
Franz
Fühmann

Roman einer Jugend unter
Hitler in acht Erzählungen

Herausgegeben von Uwe Wittstock

ISBN 978-3-356-02377-0

„Wie tief hinab reicht das Erinnern?" Eines der Lebensthemen von Franz Fühmann war die literarische Vergegenwärtigung seiner Kindheit und Jugend, die er im Nachhinein als „eine gute Erziehung zu Auschwitz" bezeichnete. Einzelne Etappen dieser Zurichtung zum Nationalsozialismus hat er rückblickend in Erzählungen festgehalten. Der von **Uwe Wittstock** herausgegebene Band löst diese Texte aus der Reihenfolge ihrer Entstehung und ordnet sie nach den Entwicklungsstadien der kindlichen Hauptfigur. Sie lesen sich im Zusammenhang wie ein Erziehungsroman der schwarzen Pädagogik, wie ein kleiner, finsterer Coming-of-age-Roman.